Hier bewegt sich was

Eltern-Kind-Turnen und Kinderturnen
in Kindergarten, Schule und Verein

Oben drüber & unten durch: Bewegte Sprachförderung

Meyer & Meyer Verlag

Redaktion: Katja Tietz
www.kinderturnen-in-berlin.de
Illustrationen: Rebecca Meyer
www.rebecca-meyer.de

Papier aus nachweislich umweltverträglicher Forstwirtschaft.
Garantiert nicht aus abgeholzten Urwäldern!

Oben drüber & unten durch: bewegte Sprachförderung

Bibliografische Information der Deutschen Nationalbibliothek
Die Deutsche Nationalbibliothek verzeichnet diese Publikation in der Deutschen Nationalbibliografie; detaillierte bibliografische Daten sind im Internet über http://dnb.d-nb.de abrufbar.

2. Auflage 2010
Adelaide, Auckland, Budapest, Cape Town, Graz, Indianapolis,
Maidenhead, Olten (CH), Singapore, Toronto
Member of the World
Sport Publishers' Association (WSPA)
Druck: B.O.S.S Druck und Medien GmbH
ISBN 978-3-89124-775-4
E-Mail: verlag@m-m-sports.com
www.dersportverlag.de

INHALT

LIEBE LESERINNEN, LIEBER LESER!

Dieses Heft ist, wenngleich sehr viele theoretische Informationen enthalten sind, aus der Praxis für die Praxis geschrieben. Jede Leserin/jeder Leser möge für sich selbst entscheiden, ob er sich nur auf die Praxisangebote oder auch auf die Theorie einlassen möchte. Tatsache ist jedenfalls, dass Sprachauffälligkeiten immer mehr zunehmen, immer mehr Autoren jedoch auch betonen, dass eine isolierte Sprach- und Sprechförderung insbesondere für jüngere Kinder nicht entwicklungsangemessen sei.

Im Rahmen der üblichen Kapitel möchte ich daher Anregungen geben, wie Bewegungs- und Handlungsangebote mit Sprachförderung verknüpft werden können. Viele Angebote machen wir täglich, sind uns ihres Sprachfördergehalts nur nicht immer bewusst bzw. wie mit nur kleinen Veränderungen der Spielregeln mehr Kommunikation und Miteinander ermöglicht werden. Insbesondere die Bewegungsgeschichten und die Großgeräteangebote bieten Anregungen für gemeinsames Gestalten. Aber auch bei den Kleinen Spielen sowie im lustvollen Umgang mit dem Alltagsmaterial Schwämme sollte ausreichend Gelegenheit für gegenseitigen Austausch und Hilfe gelassen werden.

Die Fingerspiele und Wahrnehmungsangebote bieten Anregungen zur Förderung der Mundmotorik. Im Rahmen der *Attraktiven Aktion* werden die Kinder schließlich mit ihrem Kuscheltier eingeladen, die Bewegungsräume sprachlich und handelnd zu erobern. Eine bunt gestaltete Wettbewerbskarte dokumentiert diese Bemühungen.

Ich wünsche viel Spaß beim Ausprobieren und würde mich über Rückmeldungen unter info@kinderturnen-in-berlin.de sehr freuen.

PIPO *und Katja Tietz*

SPRACHE UND BEWEGUNG

Insbesondere im Kleinkindalter sind **Bewegung und Sprache eng miteinander gekoppelt**. Beide sind Mittel der Erkenntnisgewinnung, Erfahrungen werden bei geringer Sprachfähigkeit durch Handlungen und Bewegung gemacht. Viele Worte des gebräuchlichen Sprachschatzes besitzen einen Bewegungsgehalt, der bei guter **Artikulation** auch „spürbar" ist (zappeln, gleiten, schwingen). Anderer **Wortschatz ist „erlebbar"**: weich und hart bei taktilen Übungen; Raum-Lage-Spiele schulen Begriffe wie oben, unten, vor, hinter, ... und helfen, Beziehungen aufzubauen. Durch Handlungen ist eine Sicherung der Bedeutung der Wörter möglich: eine Tasse ist zum Trinken, ein Stuhl zum Sitzen,... In den Bewegungslandschaften machen Kinder zahlreiche „Vokabelerfahrungen" beim Klettern auf den hohen Kasten, beim Durchwinden durch den schmalen Tunnel usw. Diese Bewegungsaufgaben können von der Übungsleiterin und den Kindern sprachlich begleitet werden oder in Spielanregungen einfließen. Im Rahmen von Bewegungsgeschichten wird Sprache unmittelbar in Bewegung umgesetzt und somit erlebbar. Kinder, die vielleicht selbst (noch) nicht richtig sprechen oder verstehen, können sich die anderen Kinder oder die Übungsleiterin als Vorbild nehmen.

Aber **„Sprache ist mehr als Sprechen"** (Bender, 2004, S. 24) und geht somit über reines „Vokabellernen" hinaus. Im Rahmen des gemeinsamen Ausschmückens der Geschichten müssen die eigenen Ideen den anderen verständlich gemacht werden. In Phasen des gemeinsamen Gestaltens entwickeln sich **Team- und Kommunikationsfähigkeiten.** Im Rahmen dieses Tuns erhält die Sprache ihre **Sinnhaftigkeit**, d. h. sie dient dazu, sich mit anderen zu verständigen und eigene Bedürfnisse mit denen der anderen abzugleichen. Sprache ist hier ein notwendiges Instrument und kann bei gelungener Kommunikation die **Sprechfreude** der Kinder stärken. Bei jüngeren Kindern, insbesondere aber bei Kindern mit Sprachentwicklungsauffälligkeiten, ist an dieser Stelle sehr stark die Übungsleiterin gefragt. Sie schafft die auch für den Sprachbereich so wichtige **vertrauensvolle Atmosphäre (Beziehung)** und übernimmt oft die Mittlerrolle. Kleinere, je nach Voraussetzungen u. U. altersgemischte Gruppen erleichtern diesen Prozess und ermöglichen eine noch gezieltere Förderung.

Schließlich kann außerdem der Bereich der **Sprachverarbeitung** durch Bewegung unterstützt werden, denn die Fähigkeit, Bewegungsabläufe zu planen und danach zu handeln, wirkt unterstützend auf die Fähigkeit, sprachliche Handlungen und Strukturen zu erfassen und zu planen (vgl. Bender, 2004, S. 25).

Aus all diesen Aspekten wird deutlich, dass eine **bewegungs- d. h. psychomotorisch-orientierte Sprachförderung** nicht vorgibt, einzelne Sprachdefizite isoliert beheben zu können, sondern **ganzheitlich** die Sprachentwicklung unterstützt. Werden Bewegungsgeschichten und -landschaften so eingesetzt, dass über längere Phasen die Aktivitäten von den Kindern ausgehen, so schafft dies einerseits zahlreiche echte **Kommunikationsanlässe**, andererseits aber auch Freiräume für die Übungsleiterin, sich einzelnen Kindern kurzfristig intensiver zu widmen und mit ihnen in den **Dialog** zu treten. Für eine möglichst effektive Sprachförderung durch Bewegung ist es allerdings wichtig, dass sich die Übungsleiterin der sprachfördernden Elemente in ihren Stunden bewusst ist bzw. diese auch gezielt einsetzt. Hierbei kann ein Blick auf die Tabelle am Ende dieses Kapitels helfen.

Zunächst möchte ich jedoch mit dem Bild der „Sprachförderblume" verdeutlichen, welche unterschiedlichen Aspekte zu einer gelingenden Sprachentwicklung beitragen können. Natürlich vereinfacht eine solche Darstellung immer und lässt vor allem viele andere wichtige Aspekte aus, andererseits werden so aber auch einige Zusammenhänge und Abhängigkeiten deutlich. Da es sich um ein Buch aus der Praxis für die Praxis (und nicht für die Therapie) handelt, möge der geneigte Leser/die geneigte Leserin manche Vereinfachung und Lücke zu Gunsten des Verständnisses und der schnellen Überblickslektüre verzeihen (bekannter und wesentlich ausdifferenzierter ist dafür der Sprachentwicklungsbaum von Wolfgang Wendlandt 2006[5]).

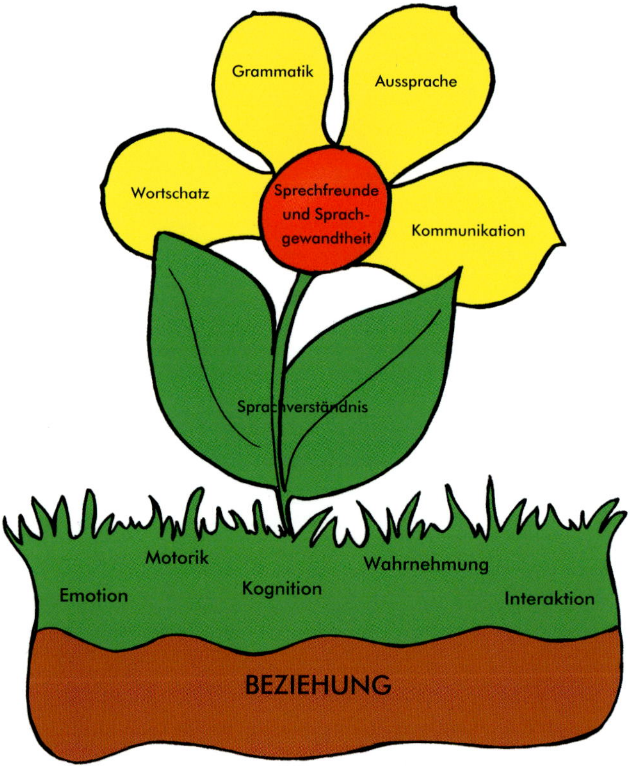

Die Erde/der Nährboden

„Sprache ist das in der Beziehung gesprochene Wort“, so die Gehirnforschung. Sprache zu entwickeln ist für ein Kind nur dann sinnvoll, wenn es ein Gegenüber gibt, das den Mitteilungen lauscht, dem es wichtig ist, was das Kind zu sagen hat, kurz, jemand, der mit ihm in den Dialog tritt. Zugewandtheit, Aufmerksamkeit, Achtung und Akzeptanz durch die Bezugspersonen, erst die Familie, dann durch einen immer größeren Kreis, sind unerlässliche, quasi „essenzielle“, also vom Kind nicht selbst bildbare Nährstoffe für die Sprachentwicklung. Förderung insbesondere bei auffälligen Kindern gelingt dann am besten, wenn sich das Kind mit seiner gesamten Persönlichkeit angenommen fühlt und eine stabile, positive Beziehung besteht.

Die Wiese/die einrahmenden Fähigkeiten

Emotion: Kinder müssen sich für eine gesunde Entwicklung mit allen ihren Emotionen und Bedürfnissen angenommen fühlen, so lernen sie im Gegenzug auch die Gefühle anderer wahr- und anzunehmen. Gleichzeitig hat die Gehirnforschung nachgewiesen, dass Gelerntes, das mit positiven Emotionen verbunden ist, besser behalten wird.

Motorik: Eine gut ausgeprägte Grob- und Feinmotorik ist eine wichtige Voraussetzung für den Sprech- und Spracherwerb, wobei sie sich in weiten Teilen parallel ausdifferenziert. (Sprech-)Bewegungen müssen geplant und willentlich gesteuert werden.

Kognition: Kinder müssen in der Lage sein, neue Sinneseindrücke wahrzunehmen, zu verarbeiten und abzuspeichern. Schließlich müssen sie auf diese Abspeicherungen auch wieder zugreifen können.

Wahrnehmung: Informationen aus allen Sinnessystemen sind für die Sprachentwicklung von zentraler Bedeutung. Besonders viele Informationen liefert dafür die auditive Wahrnehmung, das Hören. Beeinträchtigungen in diesem Bereich haben i. d. R. unmittelbar negativen Einfluss auf die Sprachentwicklung, sodass dieser Bereich bei Sprachstörungen auch zwingend abgeklärt werden muss (da dies ein so umfangreiches Thema ist, habe ich im Rahmen dieses Buches auf vertiefende Beispiele verzichtet und verweise auf die einschlägige Literatur). Visuelle Informationen helfen beim Abgucken der Mundbewegungen im Rahmen der Lautbildung, aber auch bei der Begriffsbildung. Taktil-kinästhetische Informationen helfen u. a. bei der „Planung und Ausführung des Sprechvorgangs“ (siehe Kapitel *Wahrnehmung*).

Interaktion: Sprache kann sich nur weiterentwickeln im Austausch mit anderen, im Abgleichen, ob meine Botschaften verstanden werden und ob ich andere verstehe. Der Gebrauch der Sprache muss für alle Interaktionspartner sinnvoll sein, sei es, weil die Handlung es erfordert oder weil man schlicht miteinander in Kontakt treten, etwas voneinander wissen möchte.

DIE BLÄTTER

Das **Sprachverständnis,** also die passive Sprache, geht der aktiven Sprachproduktion voraus. So wird eine Aufforderung eher verstanden, als dass sie selbst formuliert werden kann. Interesse an der Umwelt und Neugierde fördern das Sprachverständnis. Dieser Sprachbereich ist durch eine psychomotorisch orientierte Sprachförderung besonders gut zu unterstützen, da hier konkrete Handlungen im Mittelpunkt stehen.

DIE BLÜTENBLÄTTER/ASPEKTE DER SPRACHE

Die einzelnen Aspekte der Sprache werden in der anschließenden Tabelle ausgeführt. Gleichzeitig werden Verknüpfungen zu einzelnen Bereichen der Bewegungserziehung hergestellt.

DIE FRUCHTBLÄTTER

Sprechfreude und **Sprachgewandtheit** habe ich bewusst in die Mitte der Blume, als Samen bzw. Früchte der Blume platziert. Sie sind gleichzeitig Ziel und Voraussetzung einer gelingenden Sprachentwicklung. Sprechfreude entwickelt und steigert sich auf Grund gelingender Interaktion, wenn ich auf Grund meiner sprachlichen Fähigkeiten verstanden werde. Dies fordert zu weiterer Nutzung und Übung und somit zur Steigerung der Sprachgewandtheit heraus.

SPRACHLICHE ASPEKTE DER BEWEGUNGSERZIEHUNG *(nach K. Jampert u. a., 2006, S. 97f.)*

Bereich	Sprache	Bewegung
Ausprache/ Lautbildung (Phonetik, Phonologie)	• Artikulation: Lautimitation, Lautmalerei	• Mundmotorik • Bewegungsimitation
	• Prosodie: Wort- und Satzbetonung/-melodie	• Sing- und Bewegungsspiele • Mimik, Gestik
Wortschatz/ Wortbedeutung (Lexikon, Semantik)	• Räumliche Begriffe: vorwärts, rückwärts; über, unter; rechts, links	• Orientierung im Raum • Körperorientierung
	• Bewegungsverben (schaukeln, rollen)	• Bewegungsformen • Bewegungskombinationen
	• Abstufungen (schlendern, gehen, rennen, laufen)	
	• Adjektive, Gegensätze (hoch, tief)	• Körperwahrnehmung • Orientierung im Raum
	• Zeitliche Begriffe: schnell, langsam, lange dauern	• Bewegungen variieren • Bewegungen messen
	• Wortschatz: Wortfelder, z. B. Körperteile und Funktionen	• Sing-/Bewegungsspiele • Bewegungsgeschichten
	• Wortschatz: Fachsprache (Sprossenwand)	• Geräte, Materialien
	• Zahlbegriffe. Schritte zählen; messen, wie weit man springen oder werfen kann	• Wettbewerb • Bewegungen messen

Wortbildung (Morphologie)	• Komparativ (schneller), Superlativ (am schnellsten)	• Bewegungen variieren
	• Grammatische Fälle: *in den* vs. *im* Kreis springen; *vor den* Schrank stellen vs. *vor dem* Schrank stehen	• Orientierung im Raum
	• Aktiv – Passiv (jagen – gejagt werden)	• Gruppenbewegungsspiele
Satzbildung (Syntax)	• Feste Satzmuster (Fischer, Fischer, wie tief ist das Wasser?)	• Sing- und Bewegungsspiele
	• Strukturen variieren (Ich *gehe* hierhin, wenn du dahin *gehst*)	• Anweisungen • Absprachen
Kommuni-kation	• Dialog mit anderen • Absprachen treffen	• Bewegungsbaustelle, Gerätelandschaften • Bewegungsgeschichten • Bewegungsspiele (Regeln)

LITERATURTIPPS:

Silvia Bender (2004). „Sprache ist mehr als Sprechen" *motorik* (Schwerpunktheft: Psychomotorik, Sprache und Kommunikation), Heft 1, 24-30.

Karin Jampert u. a. (2006). *„Sprachliche Förderung in der Kita – Wie viel Sprache steckt in Musik, Bewegung, Naturwissenschaften und Medien?"* Weimar/Berlin.

Wolfgang Wendlandt (2006[5]): *„Sprachstörungen im Kindesalter"* Stuttgart.

Fingerspiele

Die folgenden drei Texte werden nur z. T. mit Finger-, dafür aber mit Zungenbewegungen begleitet. Folgerichtig nennt sich die erste Geschichte auch Zungengeschichte. Im zweiten Text verwandelt sich die Zunge in eine Maus, die ihr „Haus", sprich den Mund und die Mundhöhle, untersucht.

Die dritte Geschichte handelt von einem Schiff auf hoher See. Hier produzieren wir viele verschiedene Laute, begleiten den Text aber auch mit unseren Händen.

ZUNGENGESCHICHTE

– Text: mündlich überliefert –

Es ist Morgen. Die Zunge liegt noch im Bett.

Die Zunge liegt breit im Mund.

Die Türen sind zu.

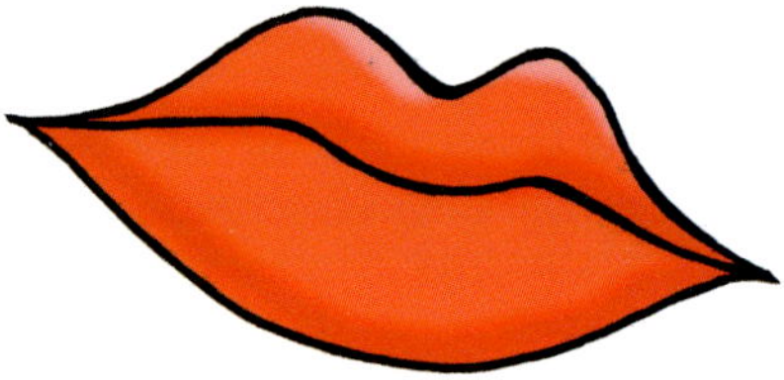

Die Lippen fest zusammenpressen.

Es rasselt der Wecker.

„Rrrrrr" machen.

Die Zunge springt aus dem Bett und schaut hinaus.

Die Zunge schnell aus dem Mund strecken.

Sie schaut auf die Straße,

Die Zunge zeigt nach unten zum Kinn.

sie schaut nach rechts und nach links,

Die Zunge zeigt den entsprechenden Mundwinkel.

sie schaut zum Himmel.

Die Zunge in Richtung Nase strecken.

Sie holt ein Fernrohr.

Die Zunge als „Röhrchen“ herausstrecken, Lippen sind gespitzt.

Der Wind bläst ihr ins Gesicht.

Kräftig blasen und pusten.

Die Zunge geht ins Bad.

Mit der Zunge schnalzende Geräusche produzieren.

Sie wäscht sich.

Die Lippen oben und unten ablecken.

Sie putzt die Zähne.

Die Zunge streicht innen und außen, oben und unten über die Zähne.

Sie gurgelt,

Gurgelgeräusche produzieren.

sie spuckt aus.

So tun, als ob man ausspuckt!

Sie geht in die Küche.

Mit der Zunge schnalzende Geräusche produzieren.

Sie isst ein Knäckebrot,

Kauende Bewegungen durchführen und dabei „krachende“ Geräusche nachahmen.

sie trinkt Kakao,

Mit spitzen Lippen schlürfen.

sie putzt den Mund ab.

Die Lippen ablecken.

Es ist schon spät, die Zunge muss zur Schule gehen.

Mit der Zunge schnalzende Geräusche produzieren.

Unterwegs trifft sie einen Hund,

Laut bellen.

da rennt sie ganz schnell.

Die Zunge schnell raus- und reinstecken.

Außer Atem kommt sie in der Schule an.

Hechelnde Geräusche produzieren.

Der Unterricht beginnt.

Die Lippen sind geschlossen, die Zunge liegt breit im Mund.

VORBEMERKUNGEN:

Für eine gute Aussprache ist die Beweglichkeit der Zunge eine wichtige Voraussetzung. Insbesondere Kinder mit einem schlaffen Muskeltonus und/oder Problemen in der taktil-kinästhetischen Wahrnehmung (siehe auch Kapitel *Wahrnehmung*) haben oft Probleme, die Lage ihrer Zunge und ihre Formbarkeit zu spüren. Hierzu dienen die beiden Zungengeschichten, die sehr spielerisch und mit viel Spaß den Kindern diese Empfindungen vermitteln. Wenn dann noch die Texte den Eltern mit nach Hause gegeben werden, dann steht eigenmotiviertem Üben nichts im Weg.

Die Texte bitte langsam und deutlich sprechen und die Kinder gut beobachten bzw. ihnen ggf. behutsam einige Tipps bei der Umsetzung geben (sofern sie nicht vor der Gruppe vorgeführt werden!).

DIE MAUS REINIGT IHR HAUS

– Text: mündlich überliefert –

Die Maus reinigt ihr Haus.

Zunge innen gegen die Mundhöhle im Kreis führen.

Nun hängt sie ihren Teppich raus.

Zunge ganz weit rausstrecken.

Sie schüttelt ihn kräftig aus.

Zunge heftig hin- und herschlackern.

Nun holt sie ihn rein.

Zunge mit lautem Schleck wieder reinziehen.

Und das Haus ist wieder fein.

Ende.

SCHIFF AUF HOHER SEE

– Text: Katja Tietz –

Ein Schiff, das fährt im Meer,
es schaukelt hin, es schaukelt her.
Sch—, sch—, sch—, sch—,
es schaukelt hin und her.

Beide Hände werden zusammengehalten und bilden einen Hohlkörper (als wolle man mit ihnen Waser schöpfen). Das ist der Schiffsrumpf. Dieser schaukelt im Rhythmus des Textes nach links und nach rechts. Bei „sch—" wird langsam abwechselnd nach links und rechts geschaukelt, wobei das jeweilige „sch—" entsprechend lange lautiert wird.

Bitte diese und auch alle folgenden Strophen sehr betont, deutlich und langsam artikulieren, da bewusst sehr viele schwierige Lautverbindungen enthalten sind.

Die Fischlein springen wieder,
sie tauchen auf, sie tauchen nieder.
Plitsch —-, platsch —-, plitsch —-, platsch —-,
sie tauchen auf und nieder.

Beide Hände sind einzelne Fischlein, die im Rhythmus des Textes auf- und niederspringen. Bei „plitsch" springt nur die rechte Hand, bei „platsch" die linke Hand. Die längeren Striche symbolisieren Sprechpausen.

Die Fischer nehmen Angeln,
sie wollen Fische fangen.
Surr—-, surr—-, surr—-, surr—-,
sie wollen Fische fangen.

Mit weit auseinandergehaltenen Händen eine lange Angel zeigen. Zum ersten „surr" mit dem rechten Arm ganz weit eine imaginäre Angel auswerfen, zum dritten „surr" mit der linken („surr" imitiert das Geräusch des Ausrollens der Angelschnur).

Die Angeln werden schwer,
die Fische beißen sehr.
Schnauf—-, schnauf—-, schnauf—-, schnauf——,
die Fische beißen sehr.

Mit beiden Händen die „schwere" Angel halten. Bei „schnauf" versuchen, die „schwere" Angel mal mit der rechten, mal mit der linken Hand hochzuheben.

Das Wetter wird jetzt oller,
der Wind treibt's immer doller.
Hui—-, hui—-, hui—-, hui—-,
der Wind treibt's immer doller.

Beide Arme schwingen wir kräftig erst zur einen, dann zur anderen Seite (die Wellen, die durch den Wind entstehen). Pro Textzeile einmal zur einen, dann zur anderen Seite schwingen. Für jedes „hui—-" einen Schwung.

Das Meer, das liegt jetzt still,
ob der Wind nicht blasen will?
Pfff—-, pfff—-, pfff—-, pfff,
ob der Wind nicht blasen will?

Die beiden Handflächen werden ausgestreckt aneinandergelegt. Wir zeigen das stillliegende Meer. Das „Pfff—-„ sprechen wir ganz dicht über den Händen und spüren so den Luftstrom, der mit der Bildung des Lauts „f" entsteht.

Doch schließlich geht es weiter,
die Wellen plätschern heiter.
Schwipp —-, schwapp —-, schwipp —-, schwapp —-,
die Wellen plätschern heiter.

Beide Hände werden in kleinen Bewegungen auf- und abgeschüttelt, das sind die kleinen Wellen. Zu „schwipp" wird diese Bewegung nach rechts ausgeführt, zu „schwapp" nach links.

Das Schiff legt wieder an,
die Arbeit ist getan.
Puh—-, puh—-, puh—-, puh—-,
die Arbeit ist getan.

Beide Arme erleichtert nach außen strecken, die Handflächen zeigen nach oben. Bei „puh" wischen wir uns abwechselnd mit der rechten und der linken Hand die Stirn ab.

VORBEMERKUNGEN:

Diese kleine Geschichte eignet sich für Kinder ab ca. vier Jahren, da einige Laute, insbesondere Lautverbindungen, erst bis zu diesem Alter gebildet bzw. angebahnt werden (insbesondere die Zischlaute und Konsonantenverbindungen wie kl, dr, spr, ...) und ein Teil dieser Laute ist explizit Thema dieser Geschichte. Durch spielerisches Umsetzen erhalten die Kinder auch hier ein motivierendes Übungsangebot.

Gemeinsam mit den Kindern können auch weitere Laute und Geräusche ge- und erfunden werden, vielleicht sogar ganze Strophen. Wie fühlt sich der Luftstrom dieser Laute und Geräusche auf der Handfläche an?

Lieder

In diesem Kapitel stelle ich euch drei Lieder vor: zwei von Detlev Jöcker und ein traditionelles Lied aus Schweden.

In allen drei Liedern werden Musik, Sprache und Bewegung, wenn auch mit unterschiedlichen Ausrichtungen, ideal miteinander verknüpft. In den Liedern von Detlev Jöcker geht es um den Wortschatzbereich „Körperteile". Diese werden „besungen" und berührt, wobei im zweiten Lied auch noch der kommunikative Aspekt hinzukommt, da die Körperteile bei einer anderen Person berührt werden sollen.

Das dritte Lied hat schließlich einen rhythmischen Schwerpunkt. Dabei ist es unerheblich, dass es vielen jüngeren Kindern zunächst noch schwer fällt, den Rhythmus exakt einzuhalten und sich für das Ende drei, vier oder gar noch mehr Bewegungen zu merken. Das macht dann die Übung und da die Kinder an diesem eigentlich so kleinen Lied so viel Spaß haben, steht einer häufigen Wiederholung nichts im Wege. Auch habe ich die Erfahrung gemacht, dass viele Kinder nach dem Singen dieses oder ähnlich gestalteter Lieder ein großes Kommunikationsbedürfnis entwickeln.

Ich wünsche euch viele ähnliche Erfahrungen.

WISCHI WISCHI WASCHI

– Text: Lore Kleikamp/Musik: Detlev Jöcker –

Aus: Buch 🕮 und CD ⦿ „1, 2, 3 – wir singen mit", von Lore Kleikamp/ Detlev Jöcker; erschienen im Menschenkinder Verlag 2002²

(auch auf den CDs ⦿ „Singen & Bewegen" sowie „Sauseschritt Edition Die beliebtesten Partyhits – Folge 7")

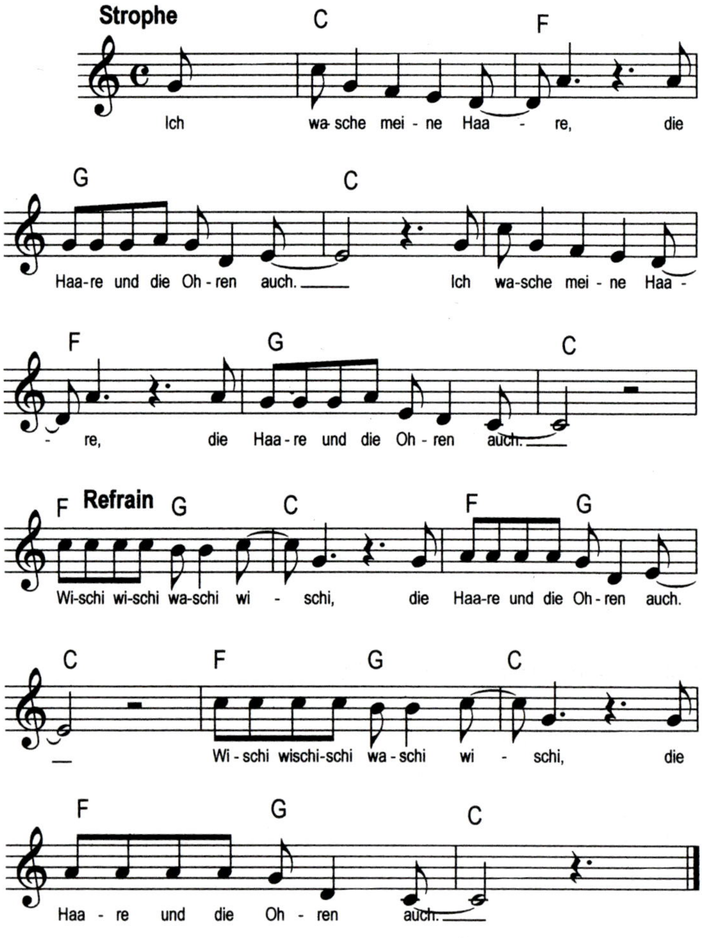

1. Strophe:
Ich wasche meine Haare, die Haare und die Ohren auch.
Ich wasche meine Haare, die Haare und die Ohren auch.

Refrain:
Wischi wischi waschi wischi, die Haare und die Ohren auch.
Wischi wischi waschi wischi, die Haare und die Ohren auch.

2. Strophe:
Ich wasche meine Hände,
die Hände und die Arme auch,
ich wasche meine Hände,
die Hände und die Arme auch.

Refrain:
Wischi wischi waschi wischi,
die Hände und die Arme auch.
Wischi wischi waschi wischi,
die Hände und die Arme auch.

3. Strophe:
Ich wasche meine Schultern,
die Schultern und das Bäuchlein auch,
ich wasche meine Schultern,
die Schultern und das Bäuchlein auch.

Refrain:
Wischi wischi waschi wischi,
die Schultern und das Bäuchlein auch.
Wischi wischi waschi wischi,
die Schultern und das Bäuchlein auch.

4. Strophe:
Ich wasche meine Beine, die Beine und die Knie auch,
ich wasche meine Beine, die Beine und die Knie auch.

Refrain:
Wischi wischi waschi wischi, die Beine und die Knie auch.
Wischi wischi waschi wischi, die Beine und die Knie auch.

(Auf den CDs wird der Refrain noch einmal wiederholt, ohne einzelne Körperteile zu benennen – dieser Teil bleibt instrumental. Hier kann beispielsweise noch einmal der ganze Körper gewaschen werden.)

IDEE:

Dieses sehr peppige Bewegungslied begeistert kleine und große Kinder gleichermaßen. Auf den CDs wird es mit einem fröhlichen Zwischenspiel dargeboten, zu dem man gut hüpfen und klatschen kann.

Die einzelnen Strophen geben vor, welche Körperteile gerade gewaschen werden. Auch im Refrain wird dies an entsprechender Stelle wiederholt. Bei „wischi wischi waschi wischi" können abwechselnd mit der rechten und der linken Hand vor dem Körper imaginäre Wischbewegungen durchgeführt werden.

Auf der CD „Singen und Bewegen" gibt es auch eine Playbackvariante. Zu dieser können sich die Kinder mit ihrer Übungsleiterin selbst Strophen ausdenken. Dies geht natürlich auch beim eigenständigen Singen.

Auf einer Insel weit im Meer

– Text: Lore Kleikamp/Musik: Detlev Jöcker –

Aus: Buch und CD „Im Kribbel Krabbel Mäusehaus", von Detlev Jöcker (Buch zusammen mit Sabine Seyffert); erschienen im Menschenkinder Verlag 2000[2]

(auch auf der CD „Sauseschritt Edition für fröhliche Reisen – Folge 5")

Refrain:
Auf einer Insel weit im Meer, im schönen Tika-Land,
begrüßt man sich ganz sonderbar, man gibt sich nicht die Hand.

1. Strophe:
Am Montag ist im Tika-Land die Nase an der Reih.
Man stupst sich damit sachte an und sagt ganz freundlich: „Hei!"

Refrain:
Auf einer Insel weit im Meer, im schönen Tika-Land, ...

2. Strophe:
Am Dienstag ist im Tika-Land die Schulter an der Reih.
Man stupst sich damit sachte an und sagt ganz freundlich: „Hei!"

Refrain:
Auf einer Insel weit im Meer, im schönen Tika-Land, ...

3. Strophe:
Am Mittwoch ist im Tika-Land ein Finger an der Reih.
Man stupst sich damit sachte an und sagt ganz freundlich: „Hei!"

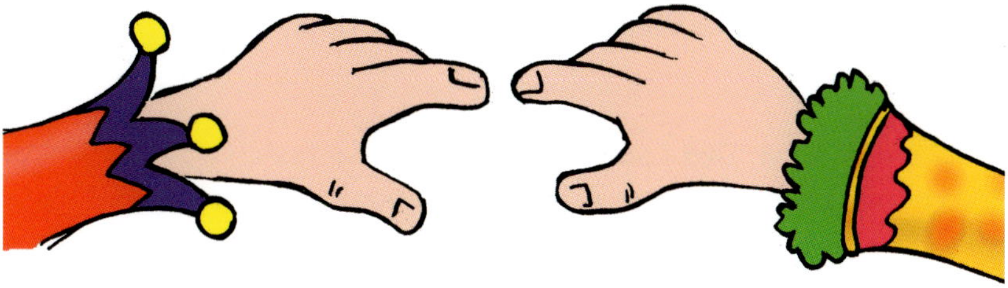

Refrain:
Auf einer Insel weit im Meer, im schönen Tika-Land, ...

4. Strophe:
Am Donnerstag ist im Tika-Land das Bäuchlein an der Reih.
Man stupst sich damit sachte an und sagt ganz freundlich: „Hei!"

Refrain:
Auf einer Insel weit im Meer, im schönen Tika-Land, ...

5. Strophe:
Am Freitag ist im Tika-Land der Popo an der Reih.
Man stupst sich damit sachte an und sagt ganz freundlich: „Hei!"

Refrain:
Auf einer Insel weit im Meer, im schönen Tika-Land, ...

6. Strophe:
Am Samstag sind im Tika-Land die Füße an der Reih.
Man stupst sich damit sachte an und sagt ganz freundlich: „Hei!"

Refrain:
Auf einer Insel weit im Meer, im schönen Tika-Land, ...

7. Strophe:
Am Sonntag ist im Tika-Land was and'res an der Reih.
Man nimmt sich feste in den Arm und sagt ganz freundlich: „Hei!"

IDEE:

In Eltern-Kind-Gruppen sowie in Gruppen mit jüngeren Kindern nimmt man sich einen festen Partner. Zum Refrain gehen die Paare im Raum umher. Zur Strophe stellen sie sich gegenüber und berühren sich vorsichtig an der besungenen Stelle, um bei „Hei" beide Hände gegeneinander zu klatschen.

Ältere Kinder laufen zum Refrain alleine im Raum umher und suchen sich zur Strophe jeweils einen anderen Partner und führen mit diesem die Bewegungen durch.

Hoch, hoch im Baum

– Text: Margarete Jehn/Musik: Trad./Schweden –

IDEE:

Dieses Lied wird flott gesungen und rhythmisch begleitet: Zu jedem Viertel wird abwechselnd auf die Oberschenkel und in die Hände geklatscht. Das „HEJ!" am Schluss wird laut gerufen und mit einer Bewegung begleitet (z. B. rechten Arm in die Luft strecken, mit dem rechten Fuß aufstampfen o. Ä.).

Das Lied wird mehrfach wiederholt und jedes Mal wird ein „HEJ!" angehängt und natürlich auch von den Bewegungen begleitet, z. B.: rechter Fuß stampft auf – auf rechten Oberschenkel klatschen – auf rechte Schulter tippen – rechten Arm hochstrecken – o. Ä. (immer in der gleichen Reihenfolge!).

Am besten mit den Kindern die Bewegungen verabreden. Der Rhythmus ist so mitreißend, dass eigentlich alle Kinder mitsingen und sich bewegen.

WAHRNEHMUNG

In diesem Kapitel steht die Förderung der Mundmotorik, also die taktil-kinästhetische Wahrnehmung der Mundregion, im Mittelpunkt. Für eine saubere Artikulation, also eine verständliche Sprache zumindest von der Aussprache her, sind diese Spür- und Regulationserfahrungen sehr wichtig.

Es sollten allerdings gerade in einer Bewegungsstunde nicht nur solche Stationen angeboten werden, dies überfordert u. U. und kann auch zu Ermüdungserscheinungen führen.

Stattdessen baut man immer wieder ein oder zwei Stationen neben anderen auf. Natürlich können diese Übungen auch in den Kita- oder Grundschulalltag integriert werden.

Vorbemerkungen:

Sprechen ist eine motorische Handlung. Zur Bildung der unterschiedlichen Laute sind z. T. sich nur minimal unterscheidende Lippen- und Zungenstellungen nötig. Damit diese kleinen Veränderungen wahrgenommen und verarbeitet werden können, ist die Mundregion ähnlich groß im Gehirn repräsentiert wie die der Hand.

An der Artikulation (Aussprache) sind folgende Sprechwerkzeuge beteiligt: Lippen, Zunge, Zähne, der harte Gaumen sowie der weiche Gaumen (das Gaumensegel mit Zäpfchen). Ein Laut wird durch Spannen und Lösen der am Artikulationsvorgang beteiligten Muskeln sowie durch Luftstromlenkung und Luftstromdosierung gebildet, auch die Stellung der Zunge spielt eine wichtige Rolle.

Viele Kinder fallen heute durch eine verwaschene, undeutliche Sprache auf. Oft haben sie einen schlaffen Muskeltonus, der im Gesicht durch eine leichte Offenstellung des Mundes auffallen kann. Die taktil-kinästhetische Wahrnehmung, also zu spüren, in welcher Stellung befinden sich meine Lippen, sind sie stark zusammengepresst, sind sie geöffnet, wie sind sie geformt, aber auch in welcher Stellung sich die Zunge befindet, ist bei diesen Kindern oft nur wenig ausgeprägt. Aber auch eine zu hohe Muskelgrundspannung erschwert das Sprechen, eine Art gepresste Sprache kann die Folge sein.

Neben Angeboten für die ganzkörperliche taktil-kinästhetische Wahrnehmung (schnelle Bewegungen erhöhen den Tonus, langsame Bewegungen senken ihn eher) sind auch spezifische Übungen für die Mundregion eine große Hilfe für die Sprachentwicklung. Die Wahrnehmung der Zungenbeweglichkeit kann z. B. gut mit den Zungengeschichten aus dem ersten Kapitel unterstützt werden. Die hier folgenden Spiele bieten Gelegenheiten zum Blasen und Saugen sowie zum Spannungs- und Kraftaufbau der Lippen.

SAUG-LOTTO

MATERIAL:

- Sechs Lottogrundkarten und dazugehörende Auflegekärtchen.
- Kurze Cocktailstrohhalme (für jedes Kind/Elternteil einen); ggf. mit Namen kennzeichnen.
- Je einen Farb- und Formwürfel mit den gewählten Formen und Farben.

HERSTELLUNG:

Die Kopiervorlage wird 12 x kopiert. Immer zwei Kopien werden mit der gleichen Farbe ausgemalt, wobei aus einem Blatt die Formen ausgeschnitten werden und das Gegenstück vollständig bleibt (als Lottogrundkarte). Die Farben sollten so ausgewählt werden, dass sie mit vorhandenen Farbwürfeln übereinstimmen. Ein weiterer Würfel wird mit den unten gezeichneten Formumrissen beklebt bzw. bei Einsteckwürfeln mit den entsprechenden Kärtchen versehen. Die Plättchen sollten am besten nur aus Papier bestehen und dann laminiert werden, oder aber man kopiert die Vorlagen auf dünnen Fotokarton. Zum Ansaugen dürfen sie nämlich nicht zu schwer sein. Deshalb eignen sich handelsübliche Lottospiele auch nicht für das Ansaugen.

IDEE:

Die Lottogrundkarten liegen auf einer Bank. Die Einzelkärtchen davor. Das Kind würfelt je nach Wunsch mit dem Farb- und/oder Formwürfel und sucht sich ein passendes Plättchen. Im Mund hat es einen kurzen Strohhalm, damit saugt es das Plättchen an und hält es so lange angesaugt, bis es das Plättchen auf einer Lottogrundkarte an der richtigen (d. h. gleiche Form und Farbe) Stelle ablegen kann. Falls die Mundkraft nicht reicht, muss das Plättchen eben in Etappen zum Ziel transportiert werden.

Lottoformen

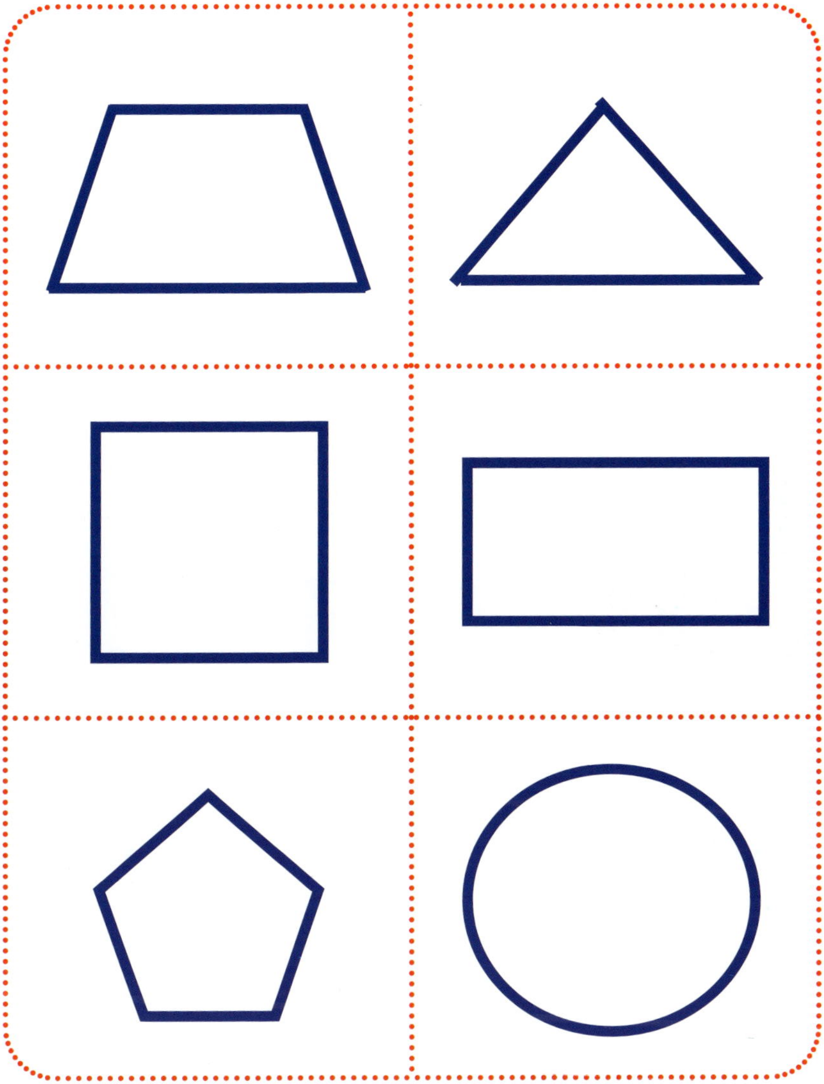

– *Kopiervorlage* –

Pusteball

Material:

- Pro Paar ein Tischtennisball.
- Schaumstoffsteine o. Ä. zum Abgrenzen der Seiten.
- Klebeband zum Markieren der Ziellinien.

Aufbau:

Idee:

Der Ball soll beim Gegner über die Ziellinie gepustet werden. Einmal geschafft = ein Tor. Der Gegner versucht das natürlich zu verhindern, indem er den Ball seinerseits zurückpustet. Wichtig ist: Der Tischtennisball darf nicht mit den Händen berührt werden und der Körper darf nicht über die eigene Ziellinie hinausragen.

Pustekegeln

Material:

- Zwei Würfelkästen.
- Drei kleine Pylonen/schmale Papprollen.
- Tischtennisbälle/Softtennisbälle.
- Pro Kind ein kurzer Cocktailstrohhalm; ggf. mit Namen kennzeichnen.

Aufbau:

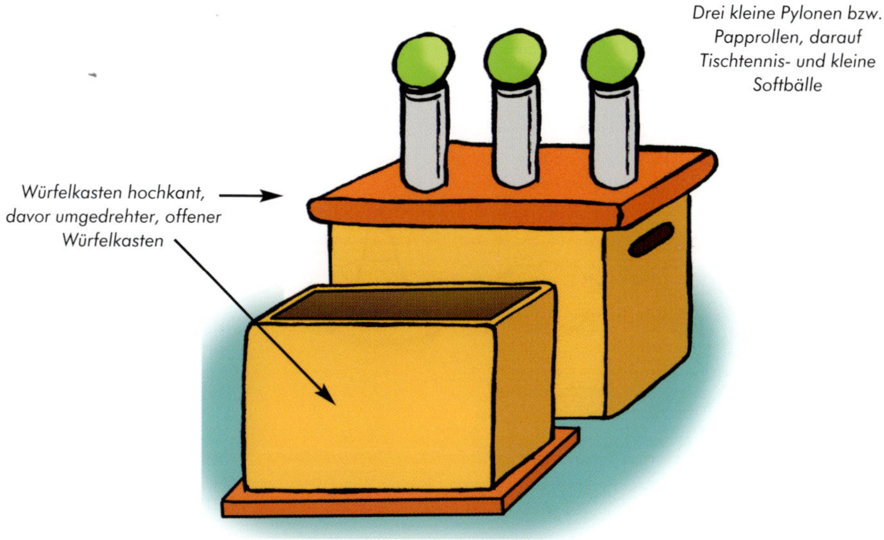

Idee:

Die Kinder mit dem Strohhalm so stark gegen die Bälle pusten lassen, dass diese von der Pylone herunterfallen und möglichst im offenen Kasten davor landen. Wie weit kann das Kind zurückgehen und hat noch ausreichend Kraft zum Pusten?

SPATEL-BALLSLALOM

MATERIAL:

- Pro Kind ein Holzspatel (wie die Ärzte sie benutzen; gibt es u. a. in Apotheken oder Bastelläden); ggf. mit Namen kennzeichnen.
- Ein Wattebausch (bzw. einige zum Ersatz).
- Ein Rollbrett.
- Einige kleine Pylonen (als Slalomstrecke).

AUFBAU:

IDEE:

Das Kind liegt bäuchlings auf dem Rollbrett. Es klemmt seinen Spatel zwischen die **Lippen** (nicht Zähne!). Nun schiebt es sich mit dem Rollbrett langsam vor und schiebt mit dem Spatel den Wattebausch um die Hütchen herum. Am Ende könnte auch aus Hütchen o. Ä. ein Tor als Ziel gebaut sein.

GUMMIBÄRCHENTRANSPORT

MATERIAL:

- Pro Kind ein Holzspatel (Bezug s. o.) oder einen kleinen Plastikteelöffel.
- Gummibärchen.
- Einige Teppichfliesen (Mauspads, Gummimatten, ...) und 2-3 kleine Hindernisse (z. B. Holzklötze, große Schaumstoffsteine, liegendes Kastenteil o. Ä.

AUFBAU:

Aus den Teppichfliesen wird ein Weg gelegt, dazwischen werden einige kleine Hindernisse platziert.

IDEE:

Das Kind hält den Holzspatel bzw. Teelöffel mit den Lippen (nicht den Zähnen!).
Vorne legt es sich ein Gummibärchen drauf. Dieses Gummibärchen transportiert es mit dem Spatel/Löffel über die Hindernisse. Am Ende lässt es das Gummibärchen auf die Hand fallen und sammelt es von dort mit seinen Lippen auf, natürlich, um es zu essen. Guten Appetit!

Bewegungsgeschichten

Drei Bewegungsgeschichten laden euch zum Gestalten ein. In der ersten benutzen wir nur Alltagsmaterialien zum Bau einer Stadt, für die zweite brauchen wir auch einige Matten und Kleingeräte für unsere Goldsuche. Bei der letzten Geschichte bauen wir schließlich gemeinsam eine Bewegungslandschaft, um einer Mäusefamilie beim Umzug zu helfen.

Methodisch-didaktische Vorüberlegungen

Die Methode „Bewegungsgeschichten" wurde zunächst hauptsächlich im Elementarbereich eingesetzt, da das Rollenspiel insbesondere im Alter von 4-6 Jahren eine bevorzugte Spielform ist. Mittlerweile setzen auch Übungsleiterinnen mit Kindern im Grundschulalter gerne diese Form von Bewegungsangeboten ein. Dies sind Vorzüge von Bewegungsgeschichten:

- Sie animieren die Kinder zum intensiven Mitspielen, wenn die Themen ihrer Erlebnis- und Vorstellungswelt entsprechen. Themen können dabei beispielsweise Büchern (z. B. der Regenbogenfisch), Kinderfiguren (z. B. Tabaluga), Bildern, Festen, Jahreszeiten, Aktionen sowie aktuellen Ereignissen entnommen werden.

- Die Kinder werden in den Fortgang der Geschichte aktiv mit einbezogen. Gerade wenn das gewählte Thema der Gruppe entspricht und die Kinder u. U. Vorerfahrungen mit einbringen können, konsumieren sie nicht nur passiv, sondern machen immer wieder Vorschläge, wie es weitergehen könnte.

- Über das gemeinsame Erleben und Kommunizieren während des Verlaufs machen die Kinder (und Eltern) vielfältige Sozialerfahrungen.

- Bewegungsgeschichten ermöglichen problemlos eine innere Differenzierung. Jedes Kind bringt sich individuell nach seinen Fähigkeiten und Fertigkeiten ein. Es gibt keine richtigen und falschen Lösungen und keinen Leistungsdruck. Dabei ermöglicht eine spannende Geschichte immer wieder, dass gerade ängstliche Kinder über sich hinauswachsen und Dinge ausprobieren, die sie sich im „normalen" Turnbetrieb nicht zutrauen. Die Folge davon können ein wachsendes Selbstvertrauen und ein positives Selbstbild sein, zwei Dinge, denen in Bezug auf Gesundheitsprävention nach neueren Forschungsergebnissen eine besondere Bedeutung zukommt.

- In Bewegungsgeschichten können die ganz normalen Elemente einer Bewegungsstunde einbezogen werden: Kleingeräte oder Alltagsmaterialien verwandeln sich in zur Geschichte passende Utensilien, Spiele werden passend für das Thema umgestaltet, Großgeräte werden zu entsprechenden Bewegungslandschaften zusammengestellt und die Kinder und Erwachsenen übernehmen selbst die unterschiedlichsten Rollen.

Geschichten erzählen macht Spaß

Eine Bewegungsgeschichte kann jedoch nur ihre Teilnehmer in den Bann ziehen, wenn die Übungsleiterin die Geschichte auch selbst mag und so engagiert mitspielen und teilnehmen kann. Mit kindgerechter, aber nicht kindischer Sprache, abwechslungsreicher Stimme und Tonlage sowie innerer Anteilnahme kann ein mitreißender Spannungsbogen erzeugt werden, der die Aktivität und Kreativität der Kinder (und Eltern) herausfordert. Besonders wichtig ist es dabei, dass ausreichend Zeit und Pausen gelassen werden, damit die Kinder ihre Vorstellungen umsetzen können und dass gegebenenfalls durch deren Impulse die Geschichte einen ganz anderen Verlauf nimmt, als vorausgeplant. Von daher gesehen sind die vorgestellten Geschichten und die dazu angebotenen Umsetzungen wirklich nur als roter Faden und Tipps zu sehen, wenn die Kinder andere Vorstellungen haben … umso besser. Je häufiger mit Bewegungsgeschichten gearbeitet wird, desto leichter fällt diese kreative Leistung den Erwachsenen und Kindern. Und so könnte im Idealfall die alleinige Sprecherrolle der Übungsleiterin mehr und mehr auf die Kinder übergehen. Dieses Ziel ist für Vereinsgruppen sicher sehr/zu hoch, aber ein bewusster Einsatz von Bewegungsgeschichten sowie die Aufmerksamkeit für die Aktivität der Kinder und ihre Versuche, sich einzubringen, leisten schon einen wichtigen Beitrag zur allgemeinen Sprachförderung.

Kindern mit Sprachproblemen fällt es häufig schwer, sich in einer großen Gruppe einzubringen, gar ihre Ideen zu artikulieren, aus Angst oder aus der Erfahrung heraus, „sowieso nicht verstanden zu werden". Dann wäre es hilfreich, gerade im Kindergarten oder in der Grundschule, auch über längere Zeit in psychomotorisch-orientierten Kleingruppen zu arbeiten. Hier kann sich eher das nötige Zutrauen zu sich selbst bilden, dass der eigene (Sprach-)Beitrag für die Gruppe wichtig ist. Hier ist auch eher die Chance gegeben, an die Reihe zu kommen. Gleichzeitig kann die Übungsleiterin besser die Handlungen der Kinder aufnehmen und versprachlichen, um so quasi als Modell zu wirken.

Die ersten beiden Geschichten sind sehr sprachintensiv, das heißt, es wird viel sprachlicher Input geboten, der zunächst das Sprachverständnis der Kinder herausfordert. Da sie zusammen agieren, können sie selbst bei fehlendem Spontanverständnis anhand der Handlungen der anderen Kinder selbst aktiv werden und so ihren Wortschatz erweitern.

Dabei kann es unter Umständen sinnvoll sein, die Geschichte irgendwann einfach abzubrechen, wenn die Kinder so in ihre Aktivitäten vertieft sind und im Idealfall in Kleingruppen miteinander agieren und kommunizieren. So endete mein erster Versuch, die Städtebaugeschichte zu spielen, bereits nach dem dritten Abschnitt, da die Kinder so intensiv bauten, die Materialien in ihren Bewegungsmöglichkeiten erprobten und miteinander Lösungen austauschten. Dennoch war es eine für Kinder und ÜL sehr befriedigende Stunde, da alle Kinder mit Spaß, Konzentration und Ausdauer über eine Stunde bei der Sache waren und wir Erwachsene eine Reihe wertvoller Beobachtungen machen konnten.

Die dritte Geschichte bietet nur eine Rahmenhandlung. Sie eignet sich besonders für eine Kleingruppe, da eine Reihe von Absprachen und gemeinsamer Ideen bei der Gestaltung des Themas notwendig ist (Wohin wollen wir umziehen?; Wie gestalten wir die Wege dorthin?; Wie gestalten wir „unsere neue Wohnung"?; Wie transportieren wir unsere Vorräte? ...).

Generell erfordert das **gelungene gemeinsame Gestalten** von Geschichten und Themen eine ganze Reihe von Fähigkeiten von den Kindern, wobei hier nur exemplarisch einige sprachlich orientierte Fähigkeiten angeführt werden:

- Die Kinder entwickeln eigene Vorstellungen und Ideen und bringen diese zum Ausdruck.
- Sie nehmen die Bedürfnisse und Interessen der anderen Kinder wahr und versetzen sich in die Perspektive der Spielpartner.
- Sie entwickeln gemeinsam mit den anderen ein „Skript für den Handlungsverlauf" und einigen sich darauf.
- Im Dialog mit den anderen lernen sie zu informieren, zu erzählen, zu erklären, was sie meinen, aber auch dem/den anderen zuzuhören, zu fragen und zu antworten.
- Sie wenden ihren Wortschatz an bzw. erweitern diesen u. a. im Umgang mit konkreten Materialien sowie dem Symbolgehalt, den sie diesen im Rahmen der Geschichte zusprechen.
- Anhand des Modells der Übungsleiterin und der anderen Kinder erweitern sie ihre grammatikalischen Kompetenzen z. B. in Bezug auf Satz- (Syntax) und Wortbildung (Morphologie).

Vergleiche dazu vertiefend:

Birgit Lütje-Klose(2004). „Szenen psychomotorischer Sprachentwicklungsförderung" *motorik* (Schwerpunktheft: Psychomotorik, Sprache und Kommunikation), Heft 1, 31-39.

Städtebau

Material:

- Bierdeckel
- Kurze und lange Papprollen
- Schwämme
- Frisbees/Tennisringe
- Kleine Softbälle

„Hallo Kinder, gut, dass ihr da seid. Stellt euch vor, ein starker Sturm hat die ganze Stadt zerstört und alles umgepustet, überall liegen umgekippte Häuser und sieht man zerstörte Straßen.

Kinder/Eltern und Kinder (KK/EK) verteilen im ganzen Raum umgekippte Papprollen, Schwämme und Bierdeckel.

Könnt ihr mir helfen, diese Stadt wieder aufzubauen? Lasst uns doch zunächst einmal gucken, wie es in der Stadt aussieht und wo Gefahren lauern. Aber, passt auf, dass ihr euch nicht verletzt.

KK/EK gehen vorsichtig durch die zerstörte Stadt, ohne auf irgendetwas zu treten.

Was meint ihr, was müssen wir alles bauen, um wieder Ordnung zu schaffen? … Ja, richtig, Straßen und Häuser … .

KK/EK machen Vorschläge. Alles, was gebaut werden kann, wird natürlich auch erstellt.

Ich schlage vor, dass ihr euch in zwei Bautrupps aufteilt. Die eine Gruppe baut zunächst niedrige Häuser, da wir ja erst einmal testen müssen, ob sie halten. Die andere Gruppe baut die Straßen zwischen den Häusern.

Die Straßengruppe sollte etwas größer sein und baut aus Bierdeckeln viele Straßen, die Häuserbauer stellen die Papprollen hin und bauen mit den Schwämmen ➤ ausreichend Zeit geben!

Hey, das sieht ja wirklich prima aus. Wollen wir doch mal testen, ob diese Stadt auch autosicher ist? Erst langsam und dann immer schneller düsen wir vorwärts und rückwärts durch die Stadt.

KK/EK gehen und rennen auf den Straßen.

Die Straßen sind ja schon prima, aber wie standfest sind unsere Häuser? Wollen wir doch einmal versuchen, über sie zu steigen und zu springen, ohne dass sie umfallen.

KK/EK steigen und springen, umgekippte Materialien ggf. wieder hinstellen.

Das ist wirklich haltbar. Da aber in der Stadt so wenig Platz ist, müssen wir auch in die Höhe bauen. Könnt ihr mit diesen Materialien auch Hochhäuser bauen?

KK/EK bauen unter Benutzung sämtlicher Materialien möglichst hohe Häuser ➤ zur Teamarbeit sollte ggf. ermuntert werden.

Unsere Stadt wird wirklich immer schöner. Ist sie denn immer noch sicher für Autofahrer und Fußgänger? Wer möchte, erhält von mir ein Lenkrad *(Frisbee, Tennisring o. Ä.)* und kann vorsichtig durch die Stadt düsen. Da hier aber viele Kinder wohnen, gilt eine Geschwindigkeitsbegrenzung.

Alle fahren vorsichtig durch die Stadt und machen sich ggf. Platz.

Aber, Achtung, hier gibt es auch viele Fußgänger, z. B. Leute, die ganz eilig zur Arbeit gehen.

Alle gehen zügig die Stadt entlang.

Doch auch Touristen gibt es hier. Sie schauen sich alles in Ruhe an und fotografieren sogar.

Durch die Stadt schlendern, alles ansehen und Fotos schießen.

Oh, guckt mal, da laufen verliebte Pärchen durch unsere Stadt und dort ganz traurige Kinder. Wer sieht noch andere Personen?

Jeder spielt die Rolle, die er gerne möchte und schlägt den anderen etwas vor.

Doch was ist das? Da naht der nächste Sturm und zerstört alles. Sogar dicke Hagelkörner prasseln auf die Häuser und Straßen.

Mit Füßen und Händen bzw. Softbällen wird alles um- und durcheinandergeworfen.

Hier lohnt es sich wohl nicht mehr, eine Stadt aufzubauen. Daher räumen wir lieber alles weg und gehen in unsere eigene Stadt."

Auf Goldsuche

Material:

- Viele Schwämme (jedes Kind bringt ein oder zwei Zehnerstangen Topfreiniger zu dieser Stunde mit)
- Großes Schwungtuch
- Reifen
- Matten

„Vor vielen, vielen Jahren konnten die Menschen nicht einfach an Geldautomaten oder zur Bank gehen, wenn sie die Dinge, die sie zum Leben brauchten, kaufen wollten, denn es gab noch keine Geldscheine wie heute. Daher suchten die Leute etwas anderes. Sie holten es aus den Bergen oder z. B. aus dem Wasser … genau: Gold. Das war gar nicht so einfach, aber vielleicht gelingt es uns ja allen miteinander, diese Goldsuche nachzuspielen. Wer weiß denn, welche Farbe Gold eigentlich hat … *(natürlich goldfarben, gelb, …)*. Genau! Ihr habt ja heute alle etwas mitgebracht, davon können wir etwas als Spielgold benutzen … *(… die gelben Schwämme)*.

Manchmal muss man Gold mühsam aus einem tiefen, dunklen Berg holen. Die Schatzsucher gruben lange, enge Gänge in den Berg. Das können wir hier nachbauen. Vielleicht können wir alle eure Schwämme zu einem großen Berg zusammenschieben und darüber ein Schwungtuch legen. Hier habe ich noch einige Reifen, könnten wir damit einen Eingangs- und Ausgangstunnel bauen?

Einige Kinder übernehmen zunächst den Tunnelbau und die übrigen krabbeln durch in den Berg, sammeln etwas Gold *(gelbe Schwämme)*, dann krabbeln sie auf der anderen Seite wieder heraus und tauschen mit den Tunnelbauern die Rolle.

Einige Kinder/Eltern-Kind-Paare (KK/EK) bilden beispielsweise vor und hinter dem Berg eine Reihe und jeder hält einen Reifen in der Hand, durch die die anderen Kinder in den Schwämmeberg und wieder herauskrabbeln; Rollentausch.

Toll, ihr habt ja wirklich viel Gold gefunden. Aber auch in Flüssen hat man oft Gold gefunden und zwar mitten zwischen den Kieseln und Steinen. Lasst uns gemeinsam einen langen Fluss bauen ... *(z. B. Matten hintereinander legen)* und darin das Gold und die Steine verteilen *(alle Schwämme auf den Matten verteilen)*.

Jetzt brauchen wir einige, die keine Angst haben, nass zu werden. Diese steigen in den Fluss und werfen die Steine und vielleicht auch das Gold heraus. Draußen stehen die Goldwäscher. Die sortieren das Gold aus und werfen die Steine zurück in den Fluss *(Text gibt vor, bei Bedarf Rollentausch)*.

O je, wo Gold gefunden wird, sind die Räuber nicht weit. Einige von euch sind Räuber und versuchen, das Gold zu klauen. Sie bringen das erbeutete Gold hinten auf eine Matte. Die Übrigen versuchen, ihre Schätze zu verteidigen, indem sie das Gold einsammeln und an ihrem Körper verstecken *(bei Bedarf auch hier Rollentausch)*.

Na, endlich sind die Räuber weg. Nun lasst uns mal sehen, wie viel Gold wir gefunden haben. Dies könnt ihr zum Bezahlen nutzen. Sucht euch einen Partner und nehmt euch etwas Gold und andere Steine.

Nun sagt ihr eurem Partner, was ihr kaufen möchtet *(z. B. Haus, Dreieck, ...)*, und der versucht, es aus den Schwämmen nachzubauen. Macht es nicht zu schwer. Dann sagt er euch, wie viele Goldstücke er dafür haben möchte. Anschließend tauscht ihr die Rollen.

Man, war das anstrengend, wie gut, dass es heute mit dem Geld leichter ist."

Die Mäusefamilie zieht um

Material:

- Diverse Kleingeräte als „Vorräte“: Bälle, Säckchen, Schwämme, o. Ä.
- Diverse Großgeräte als „Wege“: Bänke, Matten/Matratzen, Bretter, Leitern, Stühle, Tische, Teppichfliesen o. Ä.

„Liebe Mitglieder unserer großen Mäusefamilie, stellt euch vor, was ich gerade erfahren habe. Der Bauer, dem das Feld gehört, unter dem wir unsere Wohnung haben, will hier ein neues Haus bauen. Schon bald wird hier alles umgegraben. Jetzt müssen wir umziehen. Doch wir müssen auch unsere ganzen gesammelten Vorräte mitnehmen, denn schon bald naht der Winter und dann brauchen wir unser Futter. Zunächst wollen wir alle unsere Vorräte auf einen Haufen packen.

Die Kinder sammeln verschiedene Kleingeräte als Vorräte zusammen.

Nun lasst uns sehen, ob wir irgendwo einen neuen Platz finden, an dem wir unsere neue Wohnung aufbauen und all unsere Vorräte verstecken können. Lauft doch mal los und berichtet mir dann von euren Ideen.

Alle Kinder laufen durch den Raum und beratschlagen gemeinsam, wo sie die neue Wohnung aufbauen wollen. Dann erstatten sie der Mäusemutter/dem Mäusevater (ÜL) Bericht.

Das klingt ja prima. Dann sollten wir zunächst unsere neue Wohnung einrichten, damit wir dort gut leben und unsere Vorräte lagern können.

Aus eventuell schon vorher aussortierten Materialien wird nun gemeinsam die neue Wohnung gestaltet.

Doch wie bekommen wir jetzt unsere Vorräte in die neue Wohnung? Denn wir können nicht einfach frei über das Feld laufen. Dann entdeckt uns vielleicht die Katze vom Bauern oder andere Mäusefamilien, die unsere Vorräte haben wollen. Bauen wir doch gemeinsam einige sichere Wege, auf denen wir uns dann zwischen den Wohnungen hin- und herbewegen können.

Die Kinder gestalten nun aus weiteren, bereitgelegten Materialien die Wege zwischen den beiden Wohnungen.

O prima, da kann es ja losgehen. Aber damit die anderen nicht auf uns aufmerksam werden, transportieren wir unsere Vorräte immer wieder auf eine andere Art und Weise. Was fällt euch denn dazu ein? ...

Die Kinder transportieren vorwärts, rückwärts, auf allen vieren,... die Materialien.

O prima, geschafft. Jetzt haben wir uns eine Pause verdient. Ich danke euch, ihr wart super!"

Kleingeräte – übliche und ungewöhnliche

Bunte Schwämme reizen zum Gestalten und Bewegen – besonders, wenn es ganz viele sind. Sie haben außerdem einige Vorteile: sie sind billig (besonders in Billigläden oder wenn man sie sich mitbringen lässt ☺), sie tun nicht weh, sie sind leicht, sie haben eine klare Struktur und sie sind sehr vielfältig einzusetzen. Auch eine Wäsche in der Maschine haben sie bei uns schon überstanden (im Wäschesack).

Also viel Spaß beim Spielen!

SCHWAMMBAUSTEINE

MATERIAL:

- Viele bunte Schwämme
- Laufmusik und Musikanlage

VORBEMERKUNGEN:

Jedes Kind sollte 1-2 10er Packs bunte Topfkratzer zu der entsprechenden Stunde mitbringen. Dies eventuell schon 2-3 Wochen vorher ansagen. Die Übungsleiterin steuert auch einige Pakete bei, denn je mehr Schwämme es sind, desto mehr Spaß macht es. Erfahrungsgemäß sind Kinder und Eltern sehr neugierig, was denn mit diesem Material passieren soll und daher durchaus motiviert, ihren „Mitbringepflichten" nachzukommen. Im Kindergarten half uns ein großer Zettel an der Eingangstür „Wir sammeln bunte Schwämme" zu einer vollen Umzugskiste. Zum Einsammeln und Aufbewahren empfiehlt sich ansonsten ein großer Müllsack.

KENNENLERNEN:

Zunächst schütten wir alle Schwämme aus und schieben sie zu einem Berg zusammen. Wie fühlt es sich an, wenn wir uns vorsichtig darauf bewegen? Anschließend gibt es erst einmal ausreichend Zeit, das Material und seine Eigenschaften zu entdecken.

ORIENTIERUNGSSPIELE IM RAUM

In der Halle sind kreuz und quer Schwämme verteilt (ganz außen herum sollte Platz bleiben, sodass alle ohne Hindernisse außen herumlaufen können). Dabei können auch höhere Hindernisse z. B. durch das Stapeln von Schwämmen gebaut werden. Zunächst sollten die räumlichen Bedingungen ohne Musik und mit eher langsamen Bewegungsformen kennen gelernt werden:

- Freies Gehen (vorwärts, rückwärts, seitwärts) in eigenem Tempo durch den Raum, ohne die Hindernisse zu berühren (auch nicht überspringen).

- Freies Laufen oder Springen in alle Richtungen mit Übersteigen oder -springen der Hindernisse.

- Freies Bewegen durch den Raum, bei Signal (z. B. akustisch durch Klatschen, Trommeln, ... oder optisch durch Heben einer Hand, ...) auf Kommando der ÜL oder eines Kindes ***vor, hinter, neben, auf, unter, über, zwischen,*** ... ein/zwei Hindernisse stellen.

- Die Schwämme werden in der Halle verteilt, alle bewegen sich im Raum durcheinander und berühren bei Stopp mit den vorgegebenen Körperteilen einen Schwamm.

Abschließend können die Übungen auch als Musik-Stopp-Spiel durchgeführt werden, indem sich alle zur Musik – ohne die Hindernisse zu berühren – durch den Raum bewegen und bei Stopp entsprechende Aufgaben ausführen.

EINZEL- UND PARTNERAUFGABEN: 1 1+1

- Mit den Schwämmen werden verschieden hohe Hindernisse gebaut, die auf verschiedene Art und Weise überwunden werden können.

- Sich Schwämme irgendwo hinklemmen und sich dann bewegen, auch paarweise oder in größeren Gruppen.

- Die Schwämme auf unterschiedliche Art und Weise auf und mit dem Körper balancieren.

- Sich Schwämme auf den Kopf legen und versuchen, sich hinzusetzen, zu legen und aufzustehen, ohne dass sie herunterfallen.

- Schwämme mit verschiedenen Körperteilen in Bewegung bringen: werfen, schießen, mit Händen, den Füßen, dem Kopf, ...

- Durcheinandergehen, wenn sich zwei begegnen, werden auf „hepp" die Schwämme durch Zuwerfen ausgetauscht.

- Paarweise: Ein Kind baut mit den Schwämmen ein Gebilde vor, das andere Kind baut es nach.

- Paarweise: Ein Kind liegt mit geschlossenen Augen auf dem Boden, das andere berührt mit einem Schwamm irgendein Körperteil. Der Liegende muss den Körperteil benennen oder zeigen.

GRUPPENAUFGABEN:

- *„Bunte Silvesterrakete":* Jedes Kind sammelt so viele Schwämme, wie es halten kann. Bei „3" werfen alle gleichzeitig ihre Schwämme hoch.

- *„Klebemeister":* Die Kinder kommen in Vierergruppen zusammen.
  Ein Kind steht dicht an der Wand, die übrigen Kinder schieben nacheinander Schwämme zwischen Wand und Körper, die Schwämme müssen durch Andrücken der entsprechenden Körperteile an der Wand gehalten werden.

- *„Balanceakt":* Mit den Schwämmen werden verschiedene Straßen gelegt, eventuell auch gelegentlich mit zwei Schwämmen übereinander. Wie kann darüber balanciert werden?

- *„Transporter":* Es stehen mehrere Rollbretter zur Verfügung. Die Kinder probieren aus, wie sie möglichst viele Schwämme auf einem Rollbrett transportieren können, ohne dass diese herunterfallen.

- *„Haltet den Garten frei":* Dieses bekannte Spiel macht gerade den Kleinen mit Schwämmen sehr viel Spaß, da die ja überhaupt nicht wehtun. Also trennen wir mit Hilfe von vier Bänken vier Felder ab. In jedes Feld kommen die Schwämme einer Farbe (die Anzahl sollte wenigstens annähernd gleich sein). Die Kinder (und Eltern) werden auf die vier Felder gleichmäßig ver-

teilt. Bei „los" werfen alle ihre Schwämme (auf Wunsch auch ihren „Müll") in die benachbarten Gärten. Doch diese wollen natürlich auch ihren Müll loswerden und tun dasselbe. Wer hat am Ende den wenigsten Müll?

- *„Kamellewurf":*
  2-3 Weichböden werden übereinandergelegt (dies ist der „Faschingswagen"). Obenauf sitzen ca. drei Kinder und versuchen, auf das Startzeichen hin die „Bonbons" (bunte Schwämme) herunterzuwerfen. Die übrigen Kinder wollen diese ekligen „Bonbons" aber nicht haben und werfen sie wieder zurück. Das Spiel endet entweder, wenn alle Bonbons oben oder unten sind bzw. auf ein Zeichen der Übungsleiterin. In der Regel wollen alle Kinder mal oben sein, also mehrmals wechseln. Ein Spiel (nicht nur) für die Faschingszeit.

- *„Schwammentspannung":* Die Kinder suchen sich einen Partner. Einer legt sich auf eine Matte, der andere setzt sich daneben. Jedes Paar erhält möglichst viele Schwämme. Zu ruhiger Musik baut nun das sitzende Kind auf oder um seinen Partner mit den Schwämmen. Auf ein Signal hin wird leise getauscht. Wenn ein Kind gar nicht liegen möchte, baut es eben still für sich, auch das ist schon entspannend. Oftmals haben meine Kitakinder selbst im Anschluss an die Partnerentspannung gebeten, die Musik noch weiterlaufen zu lassen und dann im Raum still gebaut.

Großgeräte und Bewegungslandschaften

Für die folgenden Geräteaufbauten gibt es keinerlei Vorschriften, ich möchte sie gerne als „kommunikative" Geräteaufbauten verstanden wissen. Dies bedeutet, dass sie von mehreren Kindern gleichzeitig und in alle Richtungen gemeinsam beturnt werden sollen. Dafür sind natürlich Absprachen und vor allem das Wahrnehmen der Bedürfnisse der anderen Kinder notwendig. Die Zeichnungen sollen Anregungen geben und entsprechend der eigenen vorhandenen Materialien variiert werden.

Die ersten drei Aufbauten sind besonders für Krippenkinder bereits ab einem bzw. 1,5 Jahren geeignet. Auch sie sind schon in der Lage, aufeinander zu achten, abzuwarten und vor allem genau zu beobachten. Wenn die Kinder bereits sprechen können, können z. T. spontan kleine Rollenspiele entstehen, in die sie ihre Übungsleiterin/Erzieherin gerne einbeziehen. Die Initiative geht dabei von den Kindern aus, die dafür jedoch auch genügend Zeit benötigen.

Der vierte Aufbau entstand aus Stühlen, Tischen und Matratzen an einem verregneten Tag in unserem Gruppenraum und beschäftigte die Kinder fast zwei Stunden, indem sie die Materialien immer wieder neu gestalteten und miteinander spielten.

Die letzten drei Aufbauten eignen sich vor allem für den Bewegungsraum oder die Turnhalle.

KRABBELBERG

MATERIAL:

z. B.
- Zwei Minitrampoline
- Ein stabiler Kriechtunnel
- Einige dickere und dünnere Matten/Matratzen

AUFBAU:

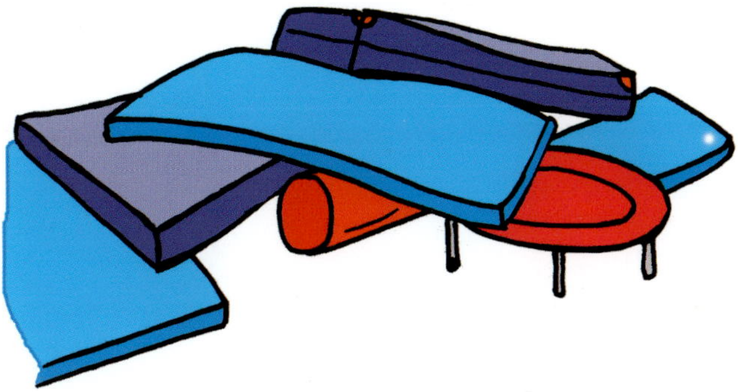

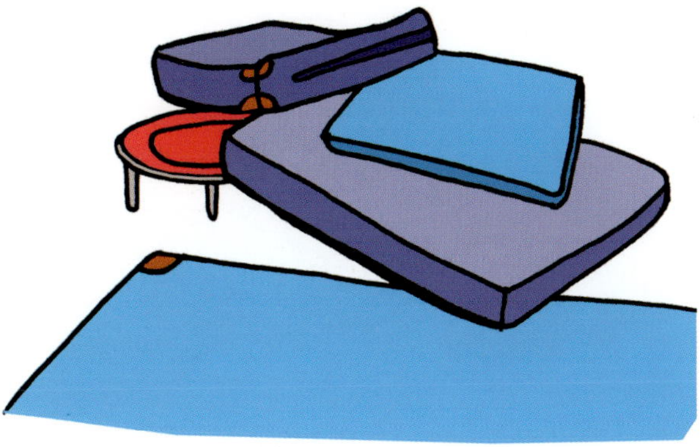

SPRUNG- UND KLETTERANGEBOT

MATERIAL:

z. B.
- Ein Trimpolin (eine Art Minitrampolin)
- Ein Weichboden/eine dicke Matte
- Diverse Bälle
- Eine Bank seitlich gekippt sowie Matten zur Abdeckung
- Einige Matten
- Eine Hockertreppe

AUFBAU:

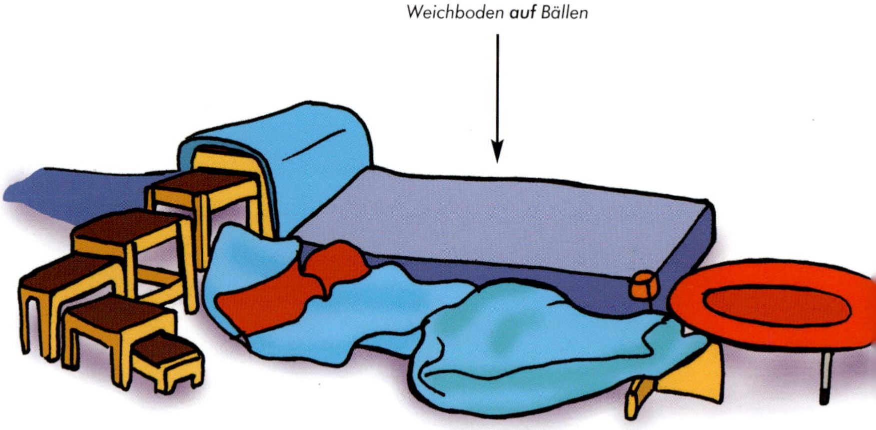

MATTENWEGE

MATERIAL:

z. B.

- Trampoline/Trimpoline
- Ein Tisch o. Ä.
- Verschiedene Matten und Matratzen
- Würfelkasten o. Ä.

AUFBAU:

KLETTERN UND SPRINGEN IM GRUPPENRAUM

MATERIAL:

z. B.

- Tische und stabile (!) Stühle
- Matten, Matratzen, Knautschkissen

AUFBAU:

Balancierwege 1

Material:

z. B.

- Drei Bänke (lange und kurze)
- Eine Leiter
- Ein Hocker
- Dicke und dünne Matten
- Seile zum Sichern von Bank- und anderen Verbindungen

Aufbau:

BALANCIERWEGE 2

MATERIAL:

z. B.

- Ein Trimpolin/Trampolin
- Ein großer sowie ein Würfelkasten
- Ein Barren
- Drei Bänke
- Eine Niedersprungmatte sowie kleine Matten

AUFBAU:

- *Eine Bank auf Barren führend*
- *Eine Bank von Barren zu Kasten führend*
- *Eine umgedrehte Bank seitlich auf die Bank zwischen Kasten und Barren führend, mit Seil untereinander fixieren*

IRRGARTEN

MATERIAL:

- Sprossenwand
- Bänke, Leitern, Bretter, Balancierbalken, Rutsche
- Tisch und stabile (!) Stühle
- Trimpoline
- Weichboden auf zwei stabilen großen Rollen
- Matten nach Bedarf
- Seile zum Sichern von ev. rutschenden Verbindungen

AUFBAU:

Ansicht **links von** der Sprossenwand:

Ansicht **rechts von** der Sprossenwand:

Kleine Spiele

Im Folgenden werden einige Spiele angeboten, in denen sprachliches Lernen mit viel Bewegung im Raum verbunden wird. Im ersten Spiel steht wieder die räumliche Orientierung im Vordergrund. Gleichzeitig werden immer wieder die sprachlichen Muster für den Gebrauch der Fälle nach einer Präposition angeboten (alle Kinder **stehen im** Reifen, alle Kinder **stellen sich in den** Reifen).

Im zweiten Spiel wird ein Satzmuster sowie der Mut zum lauten, verständlichen Sprechen geübt.

Bei den Wortschatzkärtchen gibt es schließlich einige Anregungen, wie Wortschatz und Begriffsbildung spielerisch erweitert werden können.

Rette sich, wer kann

Material:

- Laufmusik und Musikanlage

Idee:

Die Kinder laufen zur Musik durch die Halle. Bei Musikstopp ruft die Übungsleiterin ein Kommando in der Art:

„Rette sich, wer kann ...

- ... **auf** eine Bank."
- ... **an** die Sprossenwand."
- ... **zwischen** eine Bank und die Wand."
- ... **neben** einen Kasten."
- ...

Die Kinder begeben sich so schnell wie möglich zu einem passenden Ort. Dabei unterstützen und korrigieren sie sich gegenseitig. Die Übungsleiterin achtet darauf, dass dies in einer respektvollen Art und Weise geschieht. Schön wäre es natürlich, wenn sich auch einzelne Kinder trauen würden, laut und deutlich ein Kommando zu rufen.

Spracherfahrungen:

Im Mittelpunkt dieses Spiels steht das Verständnis von Präpositionen. „**An** die Sprossenwand ..." bedeutet eben nicht „**auf**", d. h. die Sprossenwand darf nicht erklommen werden. Bei falschen Bewegungslösungen scheidet kein Kind aus, denn das würde es ja der Übung berauben.

HERR FUCHS, HERR FUCHS, WIE SPÄT IST ES?

MATERIAL:

- Keines

IDEE:

Alle Kinder stehen auf einer Hallenseite. Nur eines befindet sich auf der gegenüberliegenden Seite. Das ist „Herr Fuchs" oder auch – falls gewünscht – „Frau Fuchs". Die große Gruppe fragt den Fuchs möglichst gut im Chor:

„Herr (Frau) Fuchs, Herr (Frau) Fuchs, wie spät ist es?"

Dieser antwortet mit einer beliebigen Uhrzeit. Nach jeder Uhrzeitangabe fragt die Gruppe den Fuchs erneut. Antwortet der Fuchs aber: **„Frühstückszeit"**, dann rennen alle ganz schnell auf die andere Seite, denn der Fuchs kommt ihnen entgegen und versucht, mindestens ein Kind zu fangen. Alle, die gefangen wurden, sind nun auch Füchse und helfen in der nächsten Fangerunde. Wer jedoch hinter die Linie auf der anderen Seite gelangt ist, der ist (erst einmal) gerettet, bis nach einigen Runden keiner/nur noch einer übrig ist.

Für jüngere Kinder ist es einfacher, wenn nicht die Seiten getauscht werden, sondern der Fuchs/die Füchse zu ihrer Seite zurückkehren, sobald sie (jeder) ein Kind gefangen haben. Dann entstehen Fangspiele kreuz und quer durch die Halle oder den Garten.

SPRACHERFAHRUNGEN:

Das rhythmische Sprechen im Chor und die stete Wiederholung desselben Satzes bieten Kindern mit Sprachproblemen Übungsmöglichkeiten, die in einen sinnhaften Rahmen eingebunden sind. Das laute Fragen und Antworten erfordern einigen Mut und schulten die Stimme.

WORT-SCHATZ-SPIELE

MATERIAL:

- Wortschatzkärtchen, je nach Gruppengröße 2-4 x kopiert
- Laufmusik und Musikanlage
- Ggf. einige Geräte oder Möbel, die im Raum stehen

SPIEL 1 „WAS GEHÖRT DAZU?"

Alle Wortschatzkärtchen liegen im Raum verteilt mit der Bildseite nach oben. Pro Kind sollte aus jeder Wortfamilie ein Kärtchen zur Verfügung stehen. Die Kinder laufen zur Musik durch den Raum und schauen sich dabei die Bilderkärtchen an. Daher sollte die Musik nicht zu schnell gewählt werden. Bei Musikstopp wird eine Wortfamilie genannt (Möbel, Obst und Gemüse, ...). Jedes Kind sucht sich ein seiner Meinung nach dazu passendes Bild und kommt damit zur Gruppe. Dort wird die Auswahl der Kinder besprochen. Anschließend startet die nächste Runde.

SPIEL 2 „WER GEHÖRT ZU MIR?"

Jetzt liegen alle Wortschatzkarten verdeckt auf dem Boden. Die Kinder laufen zur Musik durch die Halle. Bei Musikstopp nehmen sie ein beliebiges Kärtchen, gucken sich dieses an und versuchen dann, andere Kinder zu finden, die ein Bild der gleichen Wortfamilie haben. Hierbei müssen die Kinder selbst den Oberbegriff finden.

SPIEL 3 „WAS WIRD GESUCHT?"

Für dieses Spiel wird ein Satz Wortschatzkärtchen offen auf dem Boden verteilt (ganzen Raum ausnutzen). Ein zweiter Satz Wortschatzkärtchen befindet sich bei der Übungsleiterin. Dorthin begeben sich zwei Kinder. Diese suchen sich eine Karte aus, zeigen diese aber nicht der übrigen Kindergruppe. Die Gruppe versucht nun, durch Erfragen herauszufinden, welche Karte die beiden Kinder in der Hand haben. Sie fragen diese nun z. B.: „Ist es ein Tier?" Lautet die Antwort der beiden Kinder:

„Nein, es ist kein Tier“, läuft die ganze Gruppe los und verdeckt alle Karten, auf denen ein Tier zu sehen ist. Lautet die Frage: „Hat es Rollen?“, und die Antwort ist: „Ja!“, muss alles verdeckt werden, was keine Rollen hat.

So bleiben nach und nach immer weniger Bilder übrig und mit geschicktem Fragen lässt sich schnell das gesuchte Bild ermitteln. Die befragten Kinder dürfen nur mit „Ja“ oder „Nein“ antworten. Anschließend dürfen die nächsten zwei Kinder eine Karte ziehen und das Spiel geht von vorne los.

Spracherfahrungen:

Bei diesen Spielen wird nicht nur der Wortschatz geschult. Bereits im ersten Spiel müssen die Kinder Oberbegriffe verstehen können, allerdings zunächst nur passiv (Tisch, Stuhl, Schrank, ... gehören zu den Möbeln). Im zweiten Spiel müssen sie diese Oberbegriffe selbst bilden, wenn sie mit den anderen Kindern zusammenkommen und überlegen, ob sie zu einer Wortfamilie gehören.

Das letzte Spiel erfordert schließlich einiges an Kombinatorik. Zum einen muss geschickt gefragt werden, zum anderen aber auch die Antwort richtig umgesetzt werden: „Ja, es ist ein Tier“, bedeutet, ich muss alles umdrehen, was **kein** Tier ist, also quasi das Gegenteil. Dies ist für kleine Kinder und Kinder im Zweitspracherwerb oft zu schwierig.

Je mehr Sprachprobleme die Kinder haben, desto weniger Wortfamilien sollten ausgewählt werden, diese dafür bei einer größeren Gruppe eben öfter kopieren. Auch sollten bei ganz geringen Sprachkenntnissen erst die Begriffe angeboten werden, wobei es sinnvoll sein kann, sich von verschiedenen Kindern erst einmal die Bilder benennen zu lassen, um zu erkennen, als was sie das entsprechende Bild definieren.

Attraktive Aktion

In diesem Kapitel wartet eine kuschelige Turnstunde auf uns. Jedes Kind hat (hoffentlich) sein eigenes Kuscheltier dabei, ansonsten hat die Übungsleiterin sicher noch Ersatz mit.

Gemeinsam mit ihrem Kuscheltier erleben die Kinder die Bedeutung verschiedener Präpositionen und bringen sie mit ihren eigenen Handlungen in Verbindung. Dies alles geschieht natürlich spielerisch und ist als Anreiz mit einer Wettbewerbskarte verbunden, die die Kinder natürlich auch mit nach Hause nehmen dürfen und die hoffentlich Anlass für die Eltern ist zu fragen, was denn an dem Tag beim Turnen gemacht wurde. Das Spiel ist für Vorschulkinder und Kinder der ersten Grundschulklassen, also ab ca. fünf Jahren, sicher einfacher zu verstehen.

Für das Eltern-Kind-Turnen ist diese Aufgabe vermutlich sehr schwierig, alleine auf Grund des Sprachverständnisses. Außerdem ist es für die Kinder sehr schwierig, das Bild/Symbol mit der konkreten Sprache in Übereinstimmung zu bringen. Dennoch können die Eltern ermuntert werden, ihre eigenen Bewegungen und die ihres Kindes insbesondere in Hinblick auf die Präpositionen sprachlich zu begleiten.

Vorbemerkungen/Einführung

Präpositionen (in, auf, unter, über, ...) werden von Kindern schwerpunktmäßig bis zum vierten Lebensjahr erworben, erst im Verständnis, dann im aktiven Gebrauch. Dabei sind diejenigen, die örtliche Aspekte erfassen, von den Kindern leichter zu erfassen, da sie durch konkrete Handlungen erfahren werden können. Diesen wollen wir uns hier besonders widmen.

Material:

- Pro Kind ein Kuscheltier
- Präpositionskärtchen je 10 x kopiert (siehe *Kreativecke*)
- Laufmusik und Musikanlage
- Pro Kind eine Wettbewerbskarte „Kuscheltiers Turnstunde"
- Buntstifte, die an jeder Station bereitliegen

Einführung:

1. Die Geräte sind bereits aufgebaut. Jedes Kind hat ein eigenes Kuscheltier. Zur Musik läuft es mit ihm durch die Halle. Bei Musikstopp begibt es sich mit ihm je nach Anweisung der Übungsleiterin **auf die** Bank, **neben den** Kasten, ... Wenn es einige mutige Kinder gibt, können diese natürlich auch die Bewegungsanweisung rufen.

2. Gemeinsam im Kreis werden nun die Präpositionsbildkärtchen besprochen und zwar die „statischen" Präpositionen: **auf, unter, neben, zwischen, in, hinter, vor** (Die letzten beiden sind relativ schwierig, da der Bezug, wer sitzt nun vor oder hinter wem, nicht immer eindeutig festzulegen ist, daher könnten diese Kärtchen insbesondere bei jüngeren Kindern auch weggelassen werden. Größere können sich jedoch mit der Problematik durchaus auseinandersetzen.). Anschließend werden alle Kärtchen offen hingelegt, für jüngere Kinder am besten sortiert.

3. Dann finden sich immer zwei Kinder zusammen. Nun läuft das erste Kind los und positioniert das Kuscheltier seines Partners irgendwo **an, auf, unter**, ... einem Gerät. Der Partner hat dabei möglichst die Augen geschlossen oder dreht sich mit dem Rücken zu den Geräten. Auf ein Signal des ersten Kindes läuft nun das zweite Kind los und sucht sein Kuscheltier. Hat es das gefunden, überlegt es die Position und holt sich ein entsprechendes Bildkärtchen. Dies legt es neben sein Kuscheltier und bespricht mit dem Partner, ob das Bild passt. Anschließend werden die Rollen getauscht.

Achtung: Manchmal gibt es mehrere Lösungsmöglichkeiten, je nachdem, auf welche Geräte man sich bezieht (bei den Hüpfebänken z. B. **zwischen den** Bänken, aber **im** Reifen). Das sollte zumindest größeren Kindern auch bewusst werden. Die Übungsleiterin hilft dabei sicher gerne.

GERÄTEAKTION:

Nun spielt wieder jedes Kind für sich. Jedes erhält eine Wettbewerbskarte. Die darauf abgebildeten „Bewegungspräpositionen" (über/obendrüber, mittendurch, untendurch) werden mit den Kindern besprochen und ggf. demonstriert. Anschließend darf sich jedes Kind seine Geräte aussuchen. Es soll jedoch immer, wenn es an einer Station mit seinem Kuscheltier geturnt hat, ein Feld auf seinem Blatt ausmalen, das mit seiner Bewegungsrichtung übereinstimmt. Wenn nur noch wenige Felder frei sind, sollte sich das Kind Gerätestationen aussuchen, die sich mit seinen Feldern in Einklang bringen lassen.

Bergsteiger

Material:

- Ein großer Barren
- Ein stabiler Weichboden/Niedersprungmatte
- Zwei Bänke
- Ca. fünf Matten
- Zwei Seile
- Evt. Würfelkästen für Hilfestellung vor und hinter der großen Matte

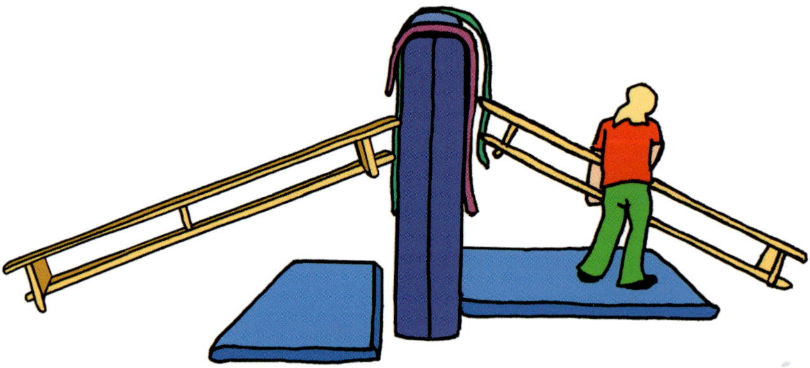

Idee:

Um diesen Berg zu überwinden, stehen den Kindern mehrere Möglichkeiten zur Verfügung, da sie sowohl für den Aufstieg als auch für den Abstieg zwischen Bank und Seil wählen können. Dafür muss der Weichboden bzw. die Niedersprungmatte ausreichend stabil sein, dass die Kinder auch oben entlangklettern können.

Wählen die Kinder den Seilaufstieg, müssen sie genau überlegen, wie sie ihr Kuscheltier ebenfalls über das Gerät befördern (Über die Matte werfen? Die Übungsleiterin stellt es oben auf die Matte? Sich das Kuscheltier in die Hose stecken? ...).

An dieser Station ist der Schwerpunkt der Bewegung natürlich „über", aber bei den Bänken kann man natürlich auch „untendurch" krabbeln, gehen, …

Dieser Aufbau kann auch an den Tauen platziert werden. Dann können diese für Auf- und Abstieg genutzt werden und es müssen keine Seile angeknüpft werden. Für kleine Kinder sind die Taue aber manchmal zu breit zum Greifen.

Aufbau:

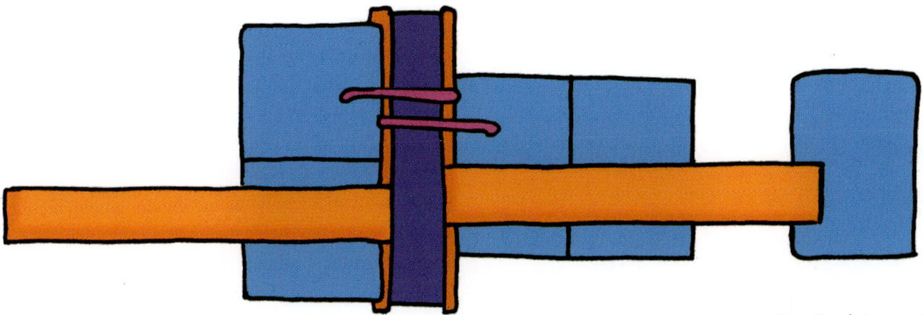

Eine Bank in zweiten hohen Holm eingehängt

Ein Seil zum Abwärtsklettern angebunden, mit Matten abgesichert

*Dicker, **stabiler** Weichboden/Niedersprungmatte zwischen hochgestellte Holme eines großen Barrens gestellt*

Ein Seil zum Hochklettern am Holm angebunden

Eine Bank aufwärts führend

Zwei Matten davor

Verzweigte Wege

Material:

- Zwei große Kästen (einige Kastenteile davon einzeln)
- Eine Bank
- Ein Bock
- Ein Sprungbrett
- Ein Holzbock
- Sechs Matten

Idee:

Hier suchen sich die Kinder mit ihrem Kuscheltier ihren eigenen Weg. Start ist immer am Sprungbrett. Alle drei „Bewegungspräpositionen" können umgesetzt werden:

Über: Auf der einen oder anderen Seite über die Geräte balancieren.

Unten durch: Vom Kasten absteigen und unter den Kastenteilen/Bank bzw. Kastenteilen/Bock krabbeln, kriechen …

Mitten durch: Vom Kasten absteigen und zwischen den Gerätebahnen durchlaufen.

Aufbau:

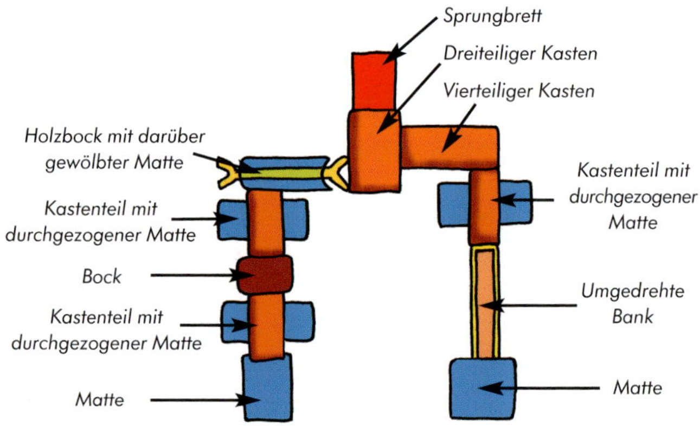

FLUG ÜBER GRÄBEN

MATERIAL:

- Vier Taue/alternativ zwei Paar Ringe
- Zwei Tautrapeze/Trapezstangen
- Zwei Würfelkästen
- Zwei dreiteilige Kästen
- Ein Sprungbrett
- Vier Matten

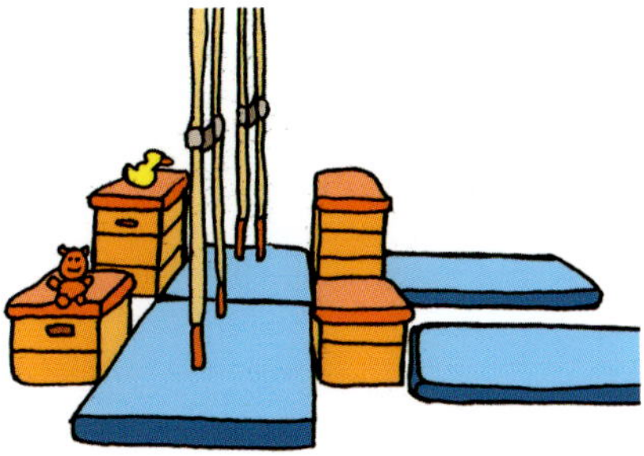

IDEE:

Wie der Name der Station es bereits andeutet, geht es hier insbesondere um die Bewegungsform „**über**". Dabei kann das Kuscheltier in die Bewegungsübung gut integriert werden. Das Kind sucht sich einen „Flugsteig" aus und stellt sich auf den entsprechenden Kasten. Dort klemmt es sich sein Kuscheltier zwischen die Füße oder Beine und fliegt ein oder mehrere Male über den Graben.

Einige Kinder haben auch ihr Kuscheltier mit den Füßen gepackt, es damit auf die andere Seite auf die Matte geworfen und sind alleine hin- und hergeschwungen.

Wenn gerade keine anderen Kinder an dieser Station sind, wäre natürlich auch die Bewegungsform „**mitten durch**" möglich, indem das Kind sich zwischen den Kästen mit seinem Kuscheltier über die Matten bewegt.

AUFBAU:

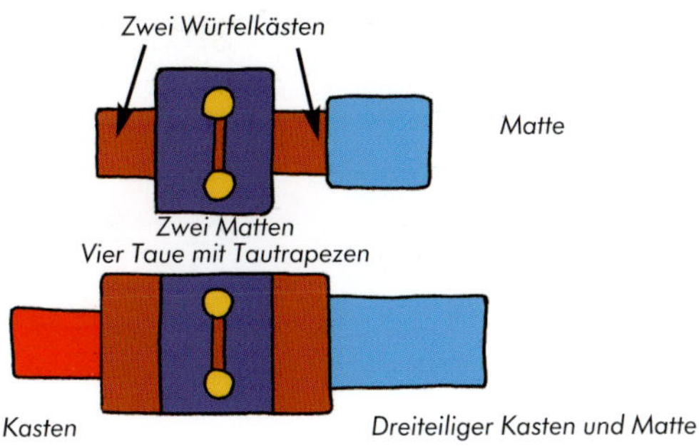

TUNNELVARIATIONEN

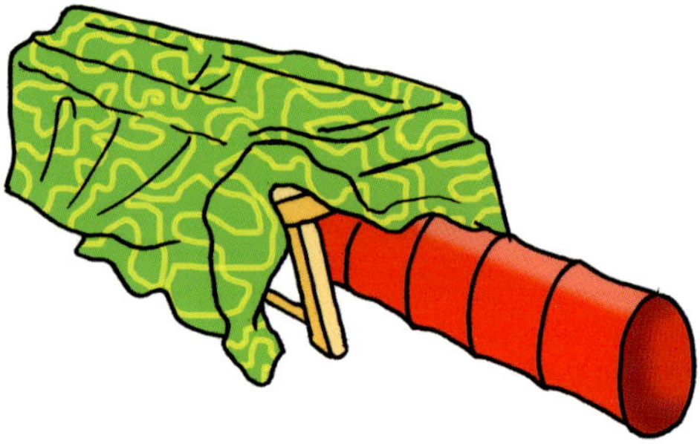

MATERIAL:

- Ein Kriechtunnel
- Ein Holzbock
- Vier Bänke
- Ein Schwungtuch

IDEE:

An dieser Station passen sowohl die Begriffe „unten durch" als auch „mitten durch". Ersteres fällt einem vermutlich spontan bei einem Tunnel ein. Letzteres wird deutlich, wenn man sich bewusst macht, dass sich die Kinder zwischen den Bänken und den Seiten des Kriechtunnels bewegen.

Die Kinder sollen selbst entscheiden, welches Feld sie nach dem Turnen auf ihrem Zettel ausmalen wollen. Vielleicht ergibt sich ja auch die Gelegenheit zu einem Gespräch, warum sich das/die Kind(er) für das eine oder andere Feld entschieden haben. Das wäre dann schon Sprachbetrachtung oder Nachdenken über Sprache, eine sehr hochwertige Aufgabe im Rahmen der Sprachentwicklung.

Die Kinder können ermuntert werden, sich mit ihrem Kuscheltier auf ganz unterschiedliche Weisen durch den Tunnel zu bewegen. Oft finden sich auch spontan einige Kinder zum „Sit-in" im Tunnel und man hört es drinnen lachen und reden.

AUFBAU:

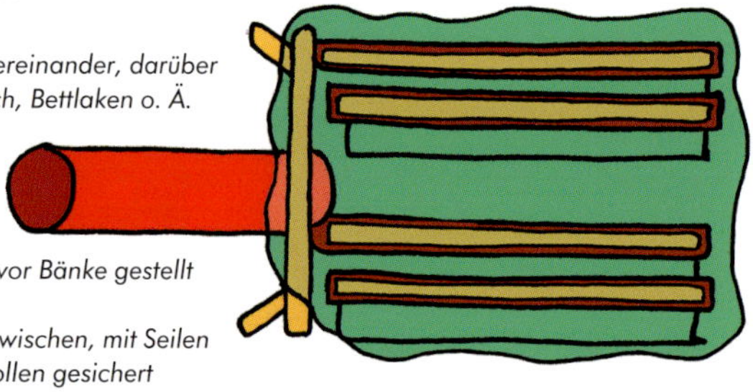

STRAßEN MIT HINDERNISSEN

MATERIAL:

- Acht Einsteckhütchen
- Vier Einsteck-Holzklötze
- Sechs Stäbe
- Fünf Reifen
- Vier Stab-Stab-Klammern
- Zwei Stab-Reifen-Klammern
- Viele kleine Gummimatten, Teppichfliesen o. Ä.

IDEE:

Bei den Straßenhindernissen bieten sich insbesondere die Begriffe „mitten durch" und (beim Steigen über die Reifenränder) „über" an. Deshalb entscheidet auch hier das Kind selbstständig, welchen Begriff es auf seinem Bild ausmalen möchte (siehe Tunnelvariationen).

Wird den Kindern dieser Weg nach einiger Zeit zu einfach, sollten sie ermuntert werden, sich neue Bewegungsformen für sich und ihr Kuscheltier zu überlegen.

AUFBAU:

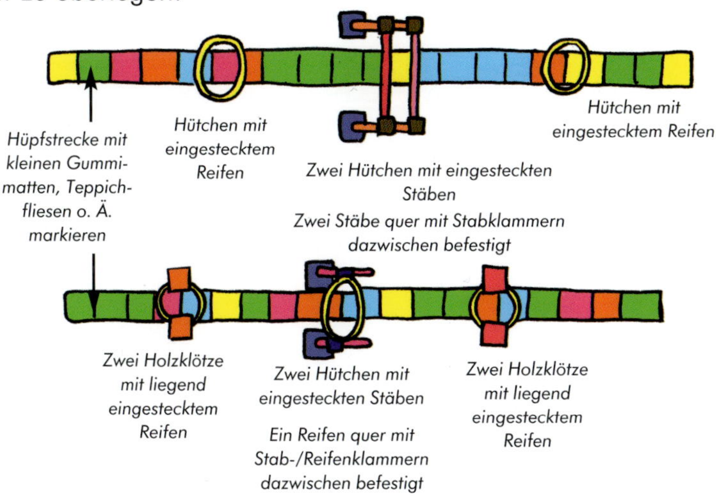

BALANCIERBERG

MATERIAL:

- Eine Sprossenwand
- Ein Schwebebalken
- Ca. sechs Matten
- Zwei Weichböden
- Vier Kastenteile
- Zwei Seile

IDEE:

Schwerpunkt beim Balancierberg sind Bewegungen, die die Kinder „**über**" das Gerät führen. Zum Klettern an der Sprossenwand benötigen die Kinder beide Hände, daher sollte das Kuscheltier entweder irgendwo am Körper mithilfe der Turnsachen festgeklemmt werden, oder es „wartet" z. B. auf dem hohen Berg, wohin es das Kind vorher gestellt hat bzw. am Ende des Balkens, um dann vom Kind „abgeholt" zu werden.

Vielleicht kann das Kuscheltierchen aber auch als Hindernis dienen, das die Hilfestellung an dieser Station immer wieder so hinstellt, dass das Kind darüber steigen kann.

AUFBAU:

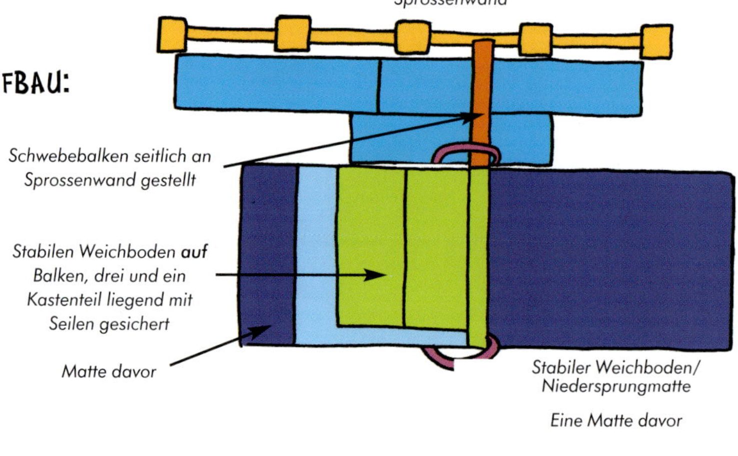

HÜPFBÄNKE

MATERIAL:

- Zwei Bänke
- Zwei Reifen

IDEE:

Hier geht es noch einmal um die Entscheidung „**mitten durch**" (in Bezug auf die Bänke) oder „**oben drüber**" in Bezug auf die Reifen. Vielleicht trifft das Kind ja auf seinem Zettel auch die Wahl danach, welche Felder noch offen sind.

Das Kuscheltier könnte an dieser Station vorgeben, wie weit das Kind in oder über die Reifen springt. Das Kuscheltier wird ein Stückchen geworfen und das Kind versucht, genauso weit hinterherzuspringen. Das klappt auch gut, wenn man sich mit den Händen auf den Bänken abstützt und dabei ganz weit vorgreift.

AUFBAU:

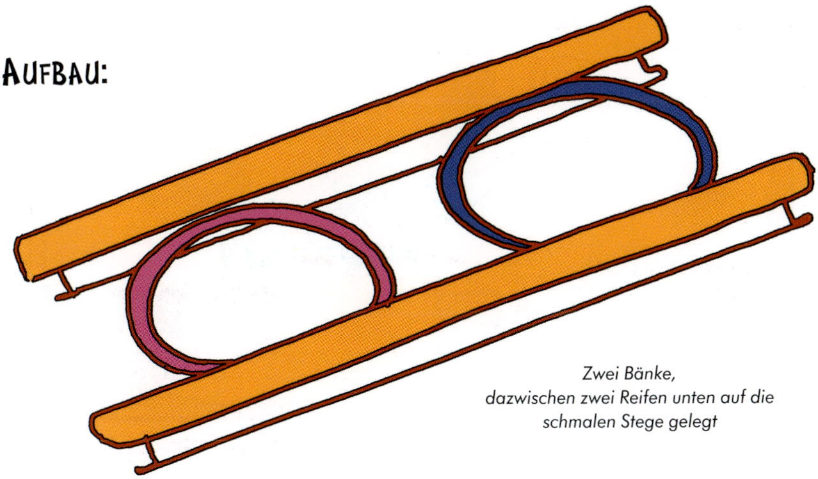

Zwei Bänke,
dazwischen zwei Reifen unten auf die schmalen Stege gelegt

Kuscheltiers Turnstunde

Name: ______________________

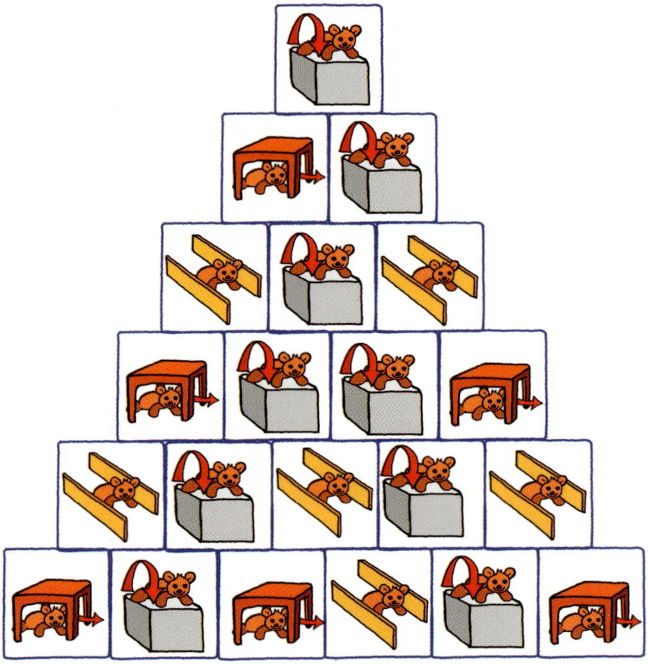

– Kopiervorlage –

KREATIVECKE

Die folgenden Kopiervorlagen sind für die *Attraktive Aktion* bzw. einige *Kleine Spiele* gedacht. Zum einen verdeutlichen die „Präpositionskärtchen" Raum-Lage-Beziehungen, die nach gemeinsamen Erläuterungen (hoffentlich) bald von den Kindern in ihrem Symbolgehalt verstanden und in Bewegungshandlungen umgesetzt werden können.

Die Wortschatzkärtchen zeigen viele Bilder, die den Kindern aus ihrem Alltag bekannt sind bzw. bekannt sein sollten. Sie lassen sich in Wortfamilien zusammenfassen und ermöglichen so die unterschiedlichen Spielvarianten.

Wer einen Computer mit Clipart-Sammlungen hat, kann solche Wortfamilienbilder selbst zusammenstellen und so den Wortschatz seiner Kinder behutsam erweitern.

PRÄPOSITIONSKÄRTCHEN 1

auf

unter

neben

zwischen

– Kopiervorlage –

PRÄPOSITIONSKÄRTCHEN 2

in

hinter

vor

– Kopiervorlage –

PRÄPOSITIONSKÄRTCHEN 3

untendurch

mittendurch

über/obendrüber

– Kopiervorlage –

WORTSCHATZKARTEN

SPIELZEUG:

KINDERSPIELFAHRZEUGE:

– Kopiervorlage; ca. vierfach vergrößern und laminieren/mit Folie überziehen –

MÖBEL:

TIERE:

– Kopiervorlage; ca. vierfach vergrößern und laminieren/mit Folie überziehen –

GESCHIRR:

OBST UND GEMÜSE:

– Kopiervorlage; ca. vierfach vergrößern und laminieren/mit Folie überziehen –

Bewegung macht Spaß!

Hier bewegt sich was
Susanne Jung (Red.)
RITTER, DRACHEN, SCHLOSSGESPENSTER

96 Seiten, in Farbe, zahlreiche Abb.
Paperback mit Fadenheftung
14,8 x 21 cm
ISBN 978-3-89124-777-8
€ [D] 13,95 / SFr 24,90*

Hier bewegt sich was
Susanne Jung (Red.)
RUND UM DIE FÜSSE

96 Seiten in Farbe, zahlreiche A
Paperback mit Fadenheftung
14,8 x 21 cm
ISBN 978-3-89124-778-5
€ [D] 13,95 / SFr 24,90*

* Preise in SFr unverbindliche Preisempfehlung

WWW.DERSPORTVERLAG.DE

„Hier bewegt sich was“ ist auch im Abo erhältlich

Bestellcoupon

Ich möchte „Hier bewegt sich was“ ab der nächsten Ausgabe im Abonnement (vier Hefte jährlich) zum Preis von € 49,00 zuzüglich anteilige Porto- und Versandkosten beziehen. Das Abonnement gilt für ein Jahr. Es verlängert sich automatisch um ein Jahr zu den dann gültigen Bedingungen, wenn ich nicht sechs Wochen vor Ablauf der Abonnementslaufzeit kündige.

Name/Vorname

Verein/Kindergarten/Schule

Straße/Nummer

PLZ/Ort

Telefon

Datum

1. Unterschrift

MEYER & MEYER VERLAG

Gewünschte Zahlungsweise

☐ Bequem und bargeldlos durch Bankeinzug

Konto-Nr.

BLZ

Geldinstitut

☐ gegen Rechnung

Mir ist bekannt, dass ich diese Bestellung innerhalb von einer Woche (Poststempel) schriftlich widerrufen kann.

Datum

2. Unterschrift

DIESE UND VIELE WEITERE BÜCHER AUS UNSEREM PROGRAMM KÖNNEN SIE BESTELLEN:

- online
  www.dersportverlag.de
- per E-Mail
  vertrieb@m-m-sports.com
- per Telefon/Fax
  02 41 - 9 58 10 - 13
  02 41 - 9 58 10 - 10
- per Post
  MEYER & MEYER Verla
  Von-Coels-Str. 390
  52080 Aachen